Bei Hitzelrode

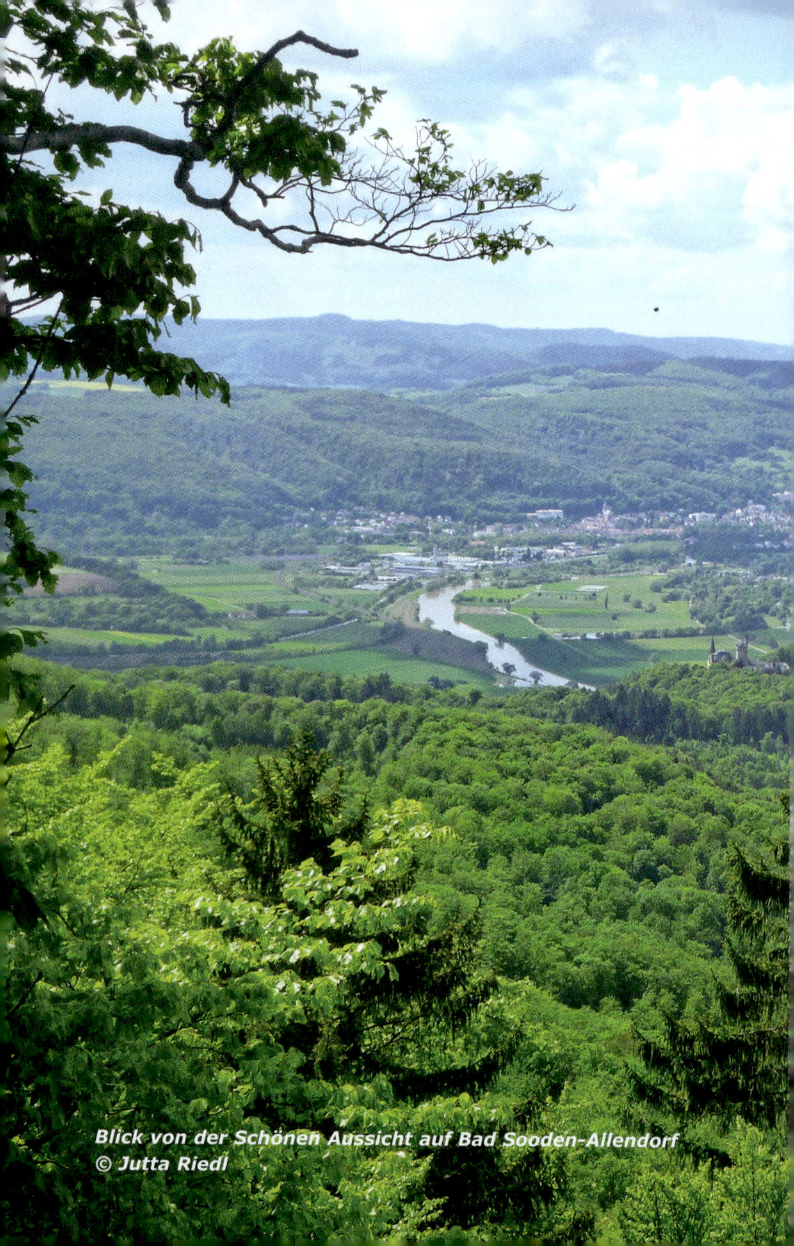

Blick von der Schönen Aussicht auf Bad Sooden-Allendorf
© Jutta Riedl

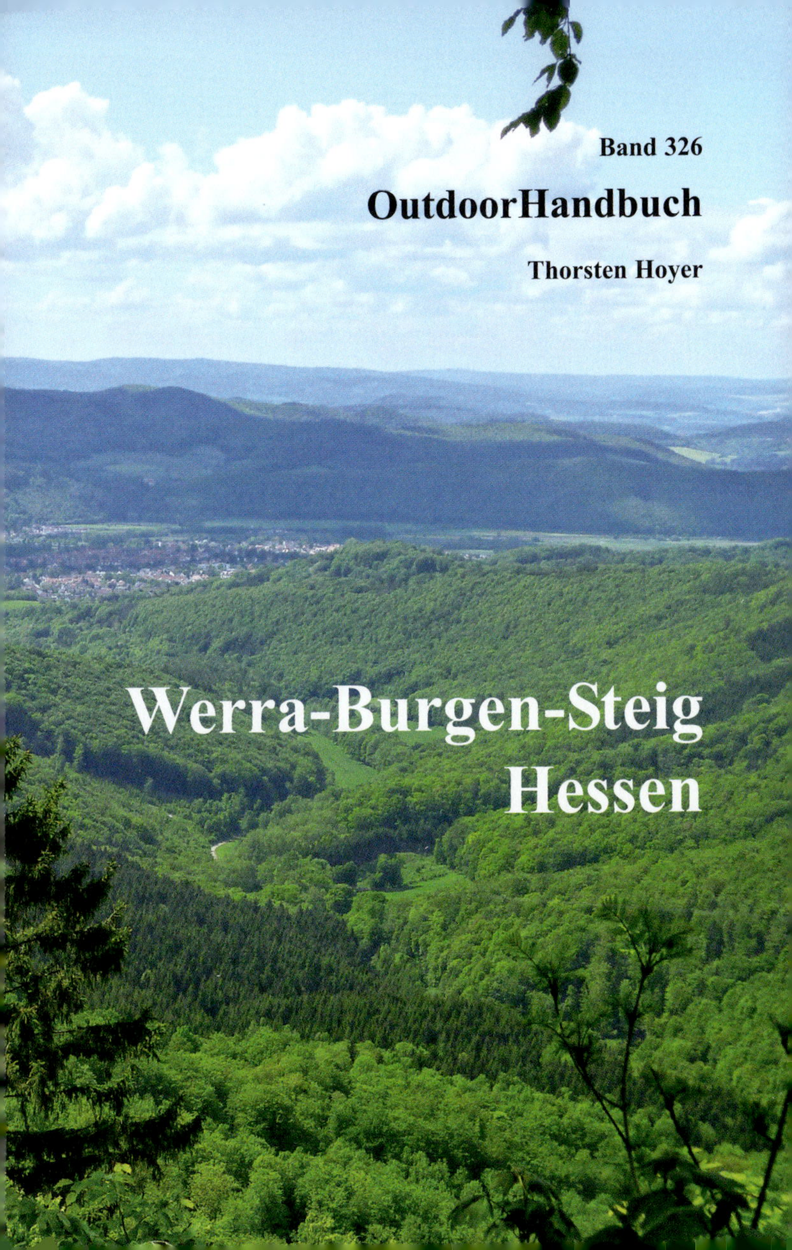

Band 326

OutdoorHandbuch

Thorsten Hoyer

Werra-Burgen-Steig Hessen

Werra-Burgen-Steig Hessen

Alle Informationen, schriftlich und zeichnerisch, wurden nach bestem Wissen zusammengestellt und überprüft. Sie waren korrekt zum Zeitpunkt der Recherche. Eine Garantie für den Inhalt, z.B. die immerwährende Richtigkeit von Preisen, Adressen, Telefon- und Faxnummern sowie Internetadressen, Zeit- und sonstigen Angaben, kann naturgemäß von Verlag und Autor - auch im Sinne der Produkthaftung - nicht übernommen werden.

Der Autor und der Verlag sind für Lesertipps und Verbesserungen (besonders per E-Mail) unter Angabe der Auflagen- und Seitennummer dankbar.

Dieses OutdoorHandbuch hat 128 Seiten mit 36 farbigen Abbildungen sowie 15 farbigen Kartenskizzen, 11 farbigen Höhenprofilen und 2 farbigen Übersichtskarten. Es wurde auf chlorfrei gebleichtem Papier gedruckt, in Deutschland klimaneutral hergestellt und transportiert (die Zertifikatnummer finden Sie auf unserer Internetseite) und wegen der größeren Strapazierfähigkeit mit PUR-Kleber gebunden.

Dieses Buch ist im Buchhandel und in Outdoor-Läden erhältlich und kann im Internet oder direkt beim Verlag bestellt werden.

Titelfoto: Schloss Berlepsch © Schloss Berlepsch

OutdoorHandbuch aus der Reihe „Der Weg ist das Ziel", Band 326

ISBN 978-3-86686-421-4 1. Auflage 2013

Dieses OutdoorHandbuch wurde konzipiert und redaktionell erstellt vom Conrad Stein Verlag GmbH, Kiefernstraße 6, 59514 Welver,
☏ 023 84/96 39 12, FAX 023 84/96 39 13,
info@conrad-stein-verlag.de, www.conrad-stein-verlag.de

 Werden Sie unser Fan: www.facebook.com/outdoorverlage

Text und Fotos: Thorsten Hoyer
Karten: Heide Schwinn
Lektorat: Amrei Risse
Layout: Manuela Dastig

Gesamtherstellung: AZ Druck und Datentechnik GmbH, Kempten

Inhalt

Über den Autor

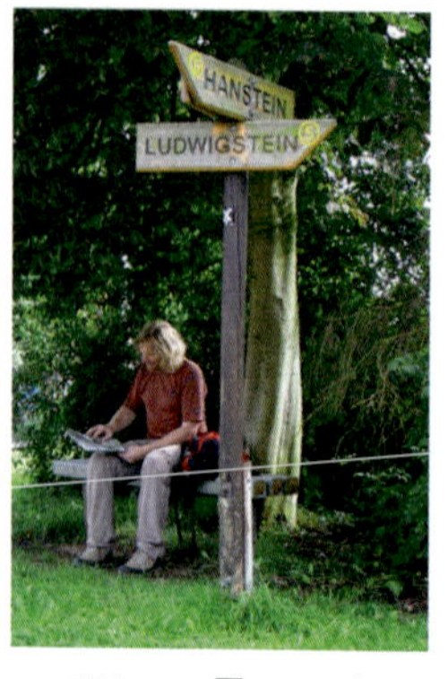

Thorsten Hoyer, Jahrgang 1968, lebt in Erfurt und im nordhessischen Frankenau. Er war viele Jahre in touristischen Unternehmen beschäftigt und ist heute freiberuflich tätig. Dabei befasst er sich u.a. mit der touristischen Infrastruktur und Qualitätssicherung von Wanderwegen. Viele Reisen führten ihn weltweit in die unterschiedlichsten Regionen - sehr oft in Verbindung mit Trekking und Bergsteigen. Darüber hinaus geht er auch immer wieder extreme Touren an, wie z.B. die Nonstopüberquerung der Alpen auf dem E5 von Oberstdorf nach Vernagt/Meran. 💻 www.thorsten-hoyer.de und www.in-alle-richtungen.de

Für den Conrad Stein Verlag hat er bereits die Wanderführer „Kellerwaldsteig", „Uplandsteig/Diemelsteig", „Rheinsteig", „Elisabethpfad", „Malerweg", „Luxemburg: Mullerthal Trail" (auch in französischer Sprache), „Via Regia" und „Rennsteig" geschrieben.

Symbole

- Abstecher
- Absteig
- Achtung
- Aussichtspunkt
- Bahn
- Buchtipp
- Burg, Schloss
- Bus
- Café
- Campingplatz
- Einkaufen
- E-Mail
- Entfernung
- Höhe über NN
- Hol- und Bring-dienst
- Homepage
- Hotel, Pension
- Informatives
- Jugendherberge
- Kirche
- Markt
- Museum
- Nothütte
- Öffnungszeiten
- Parkplatz
- Restaurant
- Schutzhütten
- Steigung
- Telefon
- Tipp, Hinweis
- Touristinformation
- Verweis
- Wanderweg
- Zeitbedarf

Vorwort

Nicht nur geografisch liegt das Werratal ganz oben in Hessen, auch die Qualität der Wanderangebote ist „on top". Durch viel Engagement hat sich die Region kontinuierlich zu einem der attraktivsten Wanderziele in ganz Hessen entwickelt.

Das hessische Werratal ist mit einer überraschend vielseitigen Landschaft beschenkt, die sich - im wahrsten Sinne des Wortes - ausgezeichnet per pedes erkunden lässt! In den vergangenen Jahren sind 14 Wanderwege eingerichtet worden, die aufgrund ihrer hohen Qualität vom Deutschen Wanderinstitut als Premiumwege zertifiziert wurden. Zurzeit befindet sich ein neuer Weg im Zertifizierungsverfahren, darüber hinaus sind aber auch noch weitere Premiumwege geplant. So entsteht ein die gesamte Region umspannendes Wegenetz, wobei jeder einzelne Weg seinen ganz eigenen Charakter hat und auf seine Weise einen Teil des so vielfältigen Werratals erlebbar macht. Aber auch für Freunde von Fernwanderwegen bietet sich mit dem neuen Werra-Burgen-Steig Hessen ein qualitätsgeprüftes Wandererlebnis. Einstimmig bestätigen können das auch die Teilnehmer der Aktion „5 Wochen - 5 Trails Hessen", denn der Weg war bereits zum zweiten Mal attraktives Ziel dieser deutschlandweit größten Wanderveranstaltung.

Welche Erlebnisse das nun aber sind ... darüber können Sie im vorliegenden Wanderführer schon mal schmökern und sich Appetit holen.

Danke

Für die wertvolle Unterstützung bei der Recherche möchte ich mich bei Daniela Sperling (Werratal Tourismus Marketing GmbH), Marco Lenarduzzi (Naturpark Meißner-Kaufunger Wald) und Fabian von Berlepsch (Schloss Berlepsch) ganz herzlich bedanken! Mein Dank gilt auch Dr. Karin Adam. Sie hat die textlichen Erläuterungen zu den Kunstwerken entlang des ARS NATURA zur Verfügung gestellt.

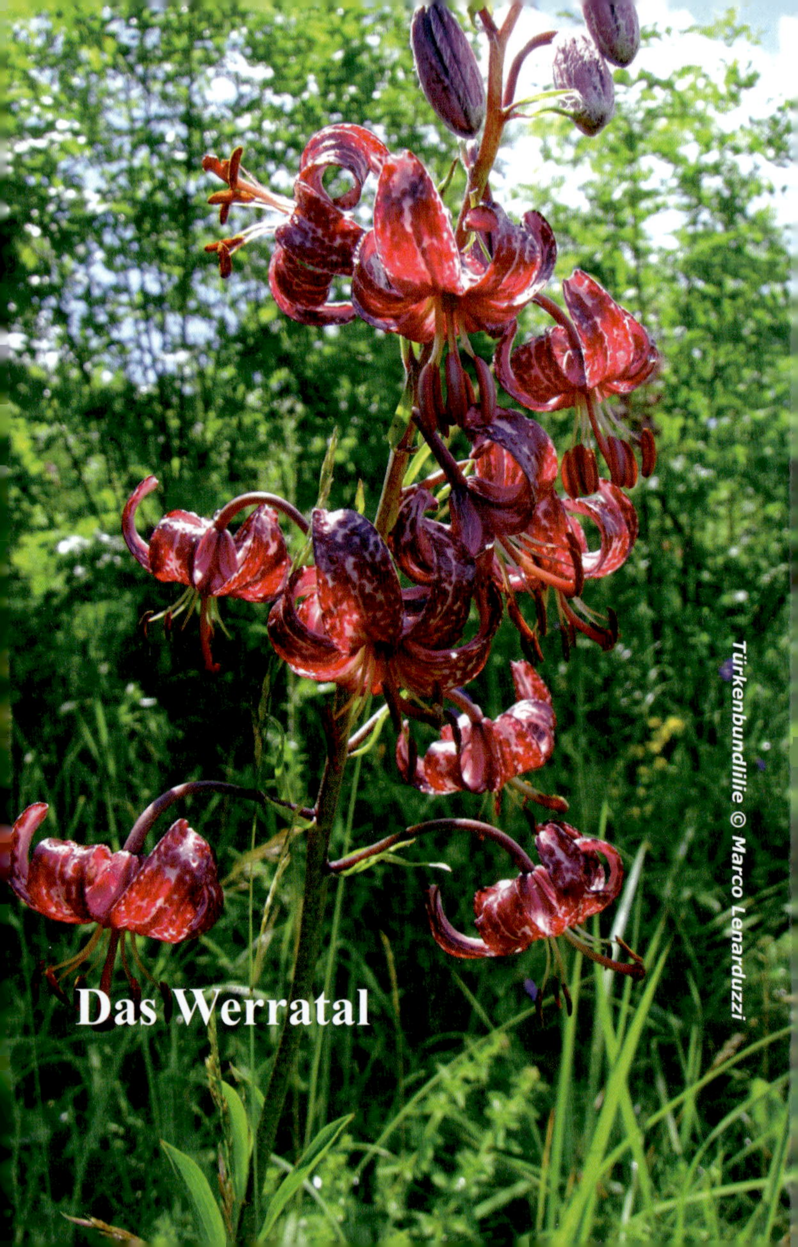
Das Werratal
Türkenbundlilie © Marco Lenarduzzi

Geografie

Der Naturpark Meißner-Kaufunger Wald ist mit einer Gesamtfläche von rund 930 km^2 der drittgrößte Naturpark in Hessen. Wie aus dem Namen bereits hervorgeht, umfasst seine Fläche den Meißner und Kaufunger Wald. Daneben gehören aber auch der Söhrewald, der Ringgau und weite Teile des Werratales zum Naturpark. Der mit Abstand größte Teil befindet sich im Werra-Meißner-Kreis. Im Norden setzt sich der Naturpark auf niedersächsischer Seite als Naturpark Münden fort. Östlich grenzt er an Thüringen und damit an den Naturpark Eichsfeld-Hainich-Werratal. Insgesamt ergibt sich hieraus eine zusammenhängende Naturparkfläche von beeindruckenden 2.300 km^2. Sozusagen an dessen Rändern liegen die Städte Göttingen, Kassel und Eisenach, die bestens mit öffentlichen Verkehrsmitteln - alle besitzen ICE-Anschluss - erreicht werden können.

Flora

Das Werratal mit dem Naturpark Meißner-Kaufunger Wald und dem in Niedersachsen angrenzenden Naturpark Münden und dem Naturpark Eichsfeld-Hainich-Werratal auf thüringischer Seite besticht durch seine außergewöhnliche Pflanzenvielfalt. Dabei sind es nicht nur die bekannten, häufig vorkommenden Gewächse, die rechts und links des Weges zu finden sind, sondern gerade auch seltene und gefährdete Arten, die dem aufmerksamen Wanderer ins Auge fallen können, z.B. Türkenbundlilie, Märzenbecher, Deutscher Enzian, Fransenenzian, Gelber Eisenhut und Blaugrasrasen. Die Bandbreite der hier vorhandenen bedrohten Pflanzen ist so vielfältig, dass dies hessenweit eine echte Besonderheit ist.

Natürlich sind solch seltene Pflanzen nicht überall im Werratal anzutreffen, viele kommen nur in unzugänglichen Bereichen und oftmals auch nur noch in kleinen Gemeinschaften vor. Die für das Werratal typischen naturnahen Buchen- und Eichenwälder sowie Trocken- und Halbtrockenwiesen sind Standorte herrlicher Eiben und außergewöhnlicher, mitunter extrem seltener Orchideen. Diese bekommt man natürlich nicht oder nur sehr selten zu Gesicht, aber das Wissen darum, dass sie hier an exponierten Stellen ein überlebenswichtiges Rückzugsgebiet haben, sollte ebenso Freude bereiten.

Fauna

Was der Flora zu Artenreichtum verhilft, kommt in ähnlichem Maß natürlich auch der Tierwelt zugute. Ob lichte Laubwälder, Fels- und Auenlandschaften oder Obstwiesen - jede dieser Landschaftsformen sorgt dafür, dass Lebensräume vorhanden sind, die gerade auch seltenen und vom Aussterben bedrohten Tierarten eine sichere Heimat geben. Neben dem bekannten heimischen „Großwild" leben Waschbären und Baummarder in den Wäldern. Selten und extrem scheu ist die Wildkatze, deren Spuren im Werratal nachweisbar sind.

Kaisermantel © Marco Lenarduzzi

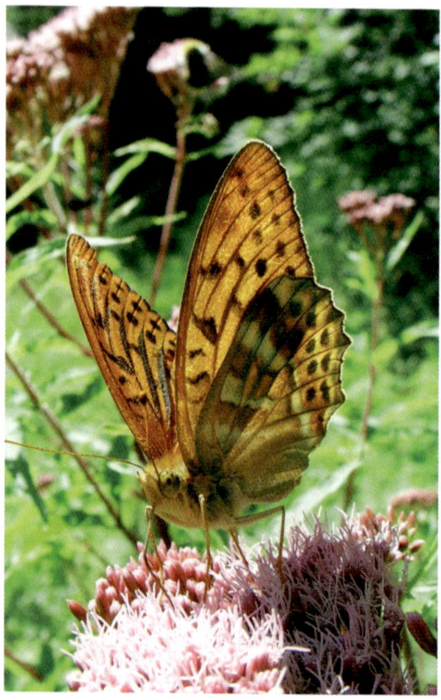

In den Auenlandschaften und Feuchtbiotopen fühlen sich verschiedene Libellenarten sowie Frösche und Kröten wohl. Zu den vorkommenden Reptilien zählen Zauneidechse, Ringelnatter, Schlingnatter und Kreuzotter. Die Kalkfelsen, Felsstürze und Höhlen sind hessenweit einer der bedeutendsten Standorte für gefährdete felstypische Tier- und Pflanzenarten, wie z.B. mehrere Fledermausarten. Nicht nur für Ornithologen dürfte die artenreiche Vogelwelt spannend sein. Neben verschiedenen, zum Teil seltenen Falken-, Kauz- und Spechtarten gehören Roter und Schwarzer Milan, verschiedene Weihearten, Uhu, Waldschnepfe, Eisvogel sowie Weiß- und Schwarzstorch zu den gefiederten Bewohnern des Werratals.

Märchenhaftes Werratal

Die Fantasie der Menschen wird seit jeher durch die Landschaften, in denen sie leben, beeinflusst. Berge, Flüsse, Wälder und Burgen spielen dabei zumeist eine wichtige Rolle. Neben diesen ganz realen Dingen gibt es aber auch noch die Welt der Fantasie. Träume, Illusionen, Wünsche ... das eigene Sein an geheimnisvollen Plätzen, nicht hinterfragen, den Moment genießen und eins werden mit der Landschaft. Unsere Vorfahren beherrschten das wohl noch wesentlich besser als wir heute in unserer Hochtechnologiewelt. Bei Wanderungen durch die Landschaften des Werratales kann man sich märchenhaften Welten behutsam nähern. Sagen und Legenden tauchen deshalb auch in diesem Buch immer wieder auf.

Vermutlich kennt fast jeder das Grimmsche Märchen um Frau Holle (oder erinnert sich jetzt wieder daran), ist es doch eines der bekanntesten deutschen Märchen überhaupt. Wahrscheinlich weiß aber längst nicht jeder, dass das Werratal und insbesondere der Naturpark Meißner-Kaufunger Wald als das Zuhause von Frau Holle gilt. Hier ist sie als Märchen-, Mythen- und Sagengestalt an authentischen Orten anzutreffen. Insbesondere auf dem Hohen Meißner kann man ihr ganz nah kommen. Hier befindet sich mit dem idyllischen Frau-Holle-Teich (📷 Seite 125) der Eingang in ihr unterirdisches Reich - die Anderswelt. Ob die märchenhafte Frau Holle wohl Ähnlichkeit mit der über 3 m hohen Holzskulptur am Ufer des Teiches hat? Oder eher mit der Frau Holle, die bei der jährlichen Märchenwoche in Bad Sooden-Allendorf die Kissen aufschüttelt?

Das Werratal war auch Inspiration für den Buchautor Wolfgang Schwerdt, der das Großstadtleben hinter sich ließ und heute auf einem Reiterhof im Werratal lebt. Er sagt selbst, dass die Gegend um Witzenhausen eine der bezauberndsten Regionen in Deutschland ist. Von seiner Fantasie angetrieben, schuf er die Geschichten um König Wiekenhus. Hier gibt es einen Ausflug in dessen Reich:

Das Tor zur Anderswelt

Der Tag war hell und warm, ganz untypisch für die gefährlichen Tage um den ersten November, an denen Geister und Dämonen, Elfen und Zwerge durch die unsichtbaren, aber weit geöffneten Tore aus der Anderswelt in die unsere drängen. Sonst fegen zu dieser Zeit Stürme über das Land, und des Nachts lässt der erste Frost bereits die harte Zeit des dunklen Winters erahnen. Aber diesmal schien die Sonne am Himmel, wenn auch niedrig, und den Menschen fiel es schwer, sich auf die Gefahren der Samhainzeit einzustellen. Kaum jemand rechnete ernsthaft mit den Dämonen aus der Anderswelt, die sich ansonsten allerorten bei trübem Wetter aus den tiefhängenden Wolken schälten und den Menschen nicht nur Schrecken einflößten. Aber Bauer Fridolin vom Auenhof wusste, dass es bei einem solchen Wetter zu dieser Zeit, da sich das Tor zur Anderswelt zu öffnen begann, besonders gefährlich war. Denn die Dämonen und Geister nutzten als Verstecke geschickt die tiefen Schatten, die die goldene Sonne hinter Büsche, Bäume und Steine zeichnete. Und wenn der Nebel über die Wiesen strich, dann konnte man sicher sein, dass mit ihm ganze Heerscharen von Geistern, Kobolden und Feen durch die Auen streiften, um sich tagsüber in den Schatten zu verstecken. Man sollte sich zu dieser Zeit besonders hüten, sich von der verhältnismäßig milden Nacht zu einem Spaziergang in der Dämmerung oder gar Dunkelheit verleiten zu lassen.

Morgennebel im Werratal

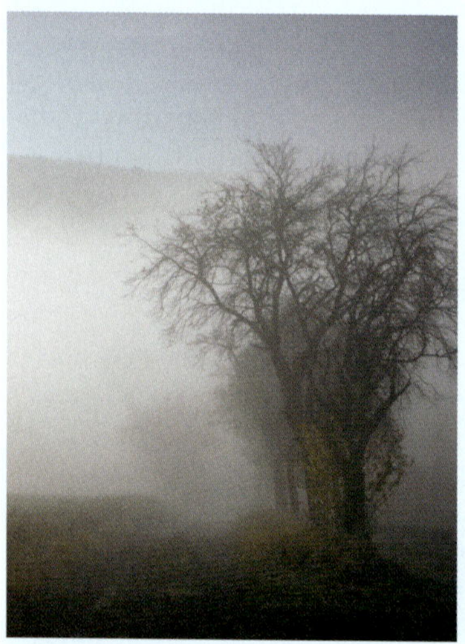

Es dämmerte bereits und der pflichtbewusste Fridolin ging - während seine Frau ihm sorgenvoll nachschaute - noch einmal zu den Pferden. Auf die musste man in diesen Zeiten besonders aufpassen. Denn Pferde haben einen ganz besonderen Bezug zur Anderswelt. Schon zu normalen Zeiten können Pferde im Gegensatz zu den Menschen die allgegenwärtigen Andersweltwesen sehen, hören und riechen. Und so kommt es, dass Pferde manchmal merkwürdige Dinge tun, wie plötzlich über die Koppel preschen, buckeln oder irgendein anderes unverständliches Verhalten an den Tag legen. Das hat regelmäßig damit zu tun, dass ihnen irgendein Kobold einen Floh ins Ohr gesetzt hat und die Pferde eher auf den Kobold hören als auf den Menschen. In den besonderen Zeiten, wie zu Samhain, ist die Verbindung zwischen Pferd und Anderswelt besonders eng. Und wenn das Tor zwischen der Anderswelt und der unseren geöffnet ist, dann kann es passieren, dass die Andersweltler das eine oder andere besonders prächtige Pferd für immer aus unserer Welt entführen.

Die jungen Leute kümmerten sich natürlich nicht mehr um solche Geschichten. Aber Fridolin, längst auf seinem verdienten Altenteil, ging in diesen Tagen trotz aller Gefahren sehr oft zu den Pferden, immer mit einer eisernen Mistgabel bewaffnet. Als hätte er es geahnt, sah er, wie eine seiner besten Stuten zielstrebig auf das Koppeltor zulief, das sich wie von selbst leise knarrend öffnete. „Stehen bleiben", donnerte Fridolin wütend. „Wer immer Ihr seid, lasst das Pferd los und gebt Euch zu erkennen." Fridolin hob die Mistgabel zum Wurfe auf das unsichtbare Wesen. Aber er erntete nur höhnisches Gelächter. Mit voller Wucht schleuderte der erboste Bauer die Mistgabel in die Richtung, aus der das Gelächter kam.

Plötzlich wurde aus dem höhnischen Gelächter ein lauter Schmerzensschrei. Aus dem Nichts erschien die große, kräftige Gestalt eines Waldelben mit schmerzverzerrtem Gesicht. Die Mistgabel hatte den Arm des Elben durchbohrt und dabei nicht nur den Andersweltler sichtbar gemacht, sondern auch das magische Tor, durch das er Fridolins Stute in seine Welt entführen wollte. Ohne Zweifel hatte der Elb große Schmerzen, denn Eisen wirkt auf Andersweltwesen wie Gift. Längst hatte der Waldelb Fridolins Stute, die freundlich wiehernd auf die Koppel zurückgekehrt war, losgelassen: „Lasst mich frei, edler Bauer", bettelte er mit gepresster Stimme. „Ihr habt Euer Pferd doch zurück." Der Bauer aber starrte völlig entgeistert auf das Tor zwischen den Welten. Wahrscheinlich war er der einzige Sterbliche, der es jemals wirklich gesehen hatte. Dort, wo die Mistgabel den Elb an den gewaltigen Bogen aus Bäumen, Wolken, Licht und Schatten genagelt hatte, glich der Torpfosten einer mächtigen, knorrigen, ausgehöhlten Weide. Allein sie schien bereits einen Durchgang in eine andere Welt zu bieten. Aber das eigentliche Tor war weitaus gewaltiger.

Die knarrende, grummelnde Weide streckte - wie ihr Gegenpart - ihre Äste in die tiefliegenden Wolken, die dunkel und schwer, von der untergehenden Sonne beleuchtet, den Torbogen bildeten. „Lasst mich frei, edler Bauer", die Schmerzen des Elben wurden unerträglich. Fridolin war von dem Anblick des magischen Tores so gefangen, dass er das Flehen des Elben gar nicht wahrnahm.

Ständig veränderte es sich, bildete Öffnungen im Wechselspiel zwischen Licht und Schatten, die einen Blick auf die andere Seite versprachen, ohne dieses Versprechen jedoch einzulösen. Immer neue Formen und Farben spiegelten sich im Bogen des Wolkentores, die mächtigen Weiden wiegten sich im Sturm hin und her, den Fridolin nicht spüren konnte. Was der Bauer hier sah, erinnerte ihn an seine Jugendtage. Weiden und Erlen, Bäche und Seen, Wolken und Sonne, Wiesen und Wälder, das Tor schien aus allem zu bestehen, was ihm in seinem Leben so wichtig gewesen war. Und Fridolin war glücklich. Nun endlich drang auch das Jammern des Elben an sein Ohr, das mit dem Versprechen endete: „Wenn Ihr mich frei lasst, zeige ich Euch, wie es hinter dem Tor aussieht."

Genau das war es, was dem alten Bauern jetzt noch zu seinem vollkommenen Glück fehlte, und ohne lange zu überlegen, griff er nach dem Stiel der Mistgabel. Kaum aber hatte Fridolin die Gabel aus dem knorrigen Weidenstamm gezogen, wurden Elb und Tor wieder unsichtbar, als hätte es sie nie gegeben. Seit diesem Tage hatte der beim Blick durch das Tor erblindete Fridolin die eiserne Mistgabel immer in seiner Nähe. Ganz besonders zu den gefährlichen Zeiten zwischen den Jahren, in der Dämmerung oder bei der tiefstehenden Sonne, die er so gerne wieder nicht nur auf seinem Gesicht gespürt, sondern auch gesehen hätte.

🕮 **Halloween im Werraland** von Wolfgang Schwerdt, 90 Seiten, ISBN 978-1479386130, € 4,49

EntdeckerTouren im Werratal

Der Naturpark Meißner-Kaufunger Wald lässt sich hervorragend per pedes erkunden. Insgesamt erschließen 14 vom Deutschen Wanderinstitut zertifizierte Premiumwanderwege (Markierung: P1 bis P14) das Gebiet. Diese Wege versprechen hinsichtlich der Qualität, dass wenig Asphaltbelag und ein möglichst hoher Anteil an naturbelassenen Pfaden vorhanden sind. Darüber hinaus werden auch die Besonderheiten an Natur und Kultur entlang des Weges in die Bewertung miteinbezogen. Unter der Marke „EntdeckerTouren im Werratal" sind diese Premiumwege zusammengefasst.

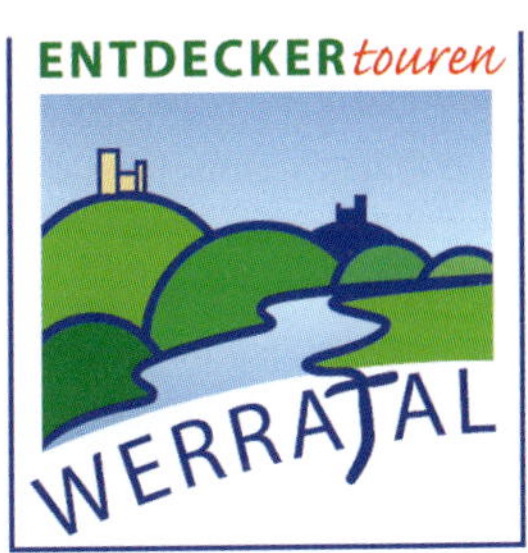

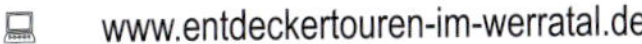

www.entdeckertouren-im-werratal.de

EntdeckerTour Über den Hohen Meißner P1

➲ *ca. 13 km, ⌛ ca. 5 Std.*

Dieser Premiumweg führt auf seiner abwechslungsreichen Runde zu den schönsten Plätzen des Hohen Meißners, dem König der nordhessischen Berge, und zu märchenhaften Frau-Holle-Orten.

EntdeckerTour Meißnerland P2

➲ *ca. 22 km, ⌛ ca. 7 Std.*

Der variable Panoramaweg im östlichen Meißnervorland, mit Blick auf die Höhenzüge des Meißners und der Hessischen Schweiz, verläuft überwiegend durch Offenland und führt zu vielen interessanten Punkten im Meißnerland. Es gibt zwei Abkürzungsmöglichkeiten.

EntdeckerTour Über die Blaue Kuppe P3

➲ *ca. 20 km, ⌛ ca. 7 Std.*

Die EntdeckerTour führt aus der Fachwerkstadt Eschwege über die Blaue Kuppe zu den Leuchtbergen mit Bismarckturm. Eine Abkürzung über den Werra-Burgen-Steig Hessen (X5 H) ist möglich.

EntdeckerTour Hessische Schweiz P4

➲ *ca. 15,5 km, ⌛ ca. 6 Std.*

Der Weg der Ausblicke verläuft von Hitzelrode aus auf einem Teil des Werra-Burgen-Steiges Hessen (X5 H) in der Hessischen Schweiz. Er bietet spektakuläre Aussichten vom Rande des Muschelkalkplateaus, botanische Schätze und geschichtsträchtige Orte am Grünen Band.

EntdeckerTour Plesse P5

➲ ca. 9 km, ⌛ ca. 4 Std.

Diese EntdeckerTour führt als Rundwanderweg u.a. durch das 190 ha große Naturschutzgebiet Plesse-Konstein und glänzt mit den Höhepunkten Wasserfall im Elfengrund (entstanden durch Kalktuffbildung), Plesseturm und Plessefelsen (entstanden durch einen Felssturz im Jahr 1640) sowie einem Abstecher zum Grünen Band.

EntdeckerTour Über den Heldrastein P6

➲ ca. 12 km, ⌛ ca. 6 Std.

Die Aussicht vom Turm der Einheit auf dem Heldrastein und außergewöhnliche Flora und Fauna auf dem Muschelkalkplateau im früheren Grenzgebiet zwischen Hessen und Thüringen prägen diese sportliche Tour.

EntdeckerTour Söder Wald P7

➲ ca. 15 km, ⌛ ca. 5 Std.

Waldreiche Tour mit lebhafter Geländestruktur, der Westerburg bei Bad Sooden-Allendorf, Römerlager, Hügelgräbern, den Bruchteichen und Aussichtspunkten auf die Kurstadt an der Werra und den Hohen Meißner.

EntdeckerTour Heiligenberg P8

➲ ca. 7 km, ⌛ ca. 3 Std.

Diese EntdeckerTour führt um den Großalmeröder Ortsteil Weißenbach durch Kalkbuchenwälder in den Ausläufer des Naturschutzgebietes Hoher Meißner auf den 583 m hohen Heiligenberg. Über die Wacholderheide des Naturschutzgebietes Bühlchen und um die Hässelkuppe gelangen Sie zurück nach Weißenbach. Ein Rundweg mit interessantem Wechsel von Offenland und Wald.

EntdeckerTour Wacholderpfad Roßbach P9

➲ ca. 9 km, ⌛ ca. 4 Std.

Ein Rundweg überwiegend durch Offenland mit Wacholderheiden, die botanische Kostbarkeiten und herrliche Weitblicke bieten.

EntdeckerTour Reichenbach P10

➲ *ca. 12,5 km,* ⌛ *ca. 5 Std.*

Die Burgruine Reichenbach und die romanische Klosterkirche sind kulturhistorische Kostbarkeiten dieser Rundtour. Herausragende Artenvielfalt bietet das Naturschutzgebiet Reichenbacher Kalkberge. Immer wieder eröffnen sich herrliche Ausblicke.

EntdeckerTour Niester Riesen P11

➲ *ca. 5,5 km,* ⌛ *ca. 2 Std.*

Pfadige, naturnahe Wege mit schönen Aussichtspunkten an der Landesgrenze Hessen/Niedersachsen prägen diesen Rundwanderweg mit interessantem Wechsel von Wald- und offenen Feldlandschaften.

EntdeckerTour Mainzer Köpfe P12

➲ *ca. 9,5 km,* ⌛ *ca. 5 Std.*

Nach einem anspruchsvollen Anstieg wartet eine tolle Mischung aus natur- und kulturhistorischen Elementen und grandiosen Aussichten.

EntdeckerTour Boyneburg P13

➲ *ca. 17 km,* ⌛ *ca. 5 Std.*

Durchquert wird ein Naturschutzgebiet mit großer Vielfalt: Felsabbrüche, Kalkfelsfluren, Magerrasen, weite Ausblicke. Die Ruine der ehemaligen Kaiserburg von Friedrich I., Barbarossa, ist das kulturhistorische Highlight der Wanderung.

EntdeckerTour Bilstein P14

➲ *ca. 10,5 km,* ⌛ *ca. 3 Std.*

Die Rundtour verläuft überwiegend im Wald, sie bietet viele Höhepunkte und zwei Einkehrmöglichkeiten. Vorbei am Steinbergsee, am Naturdenkmal Steinbruch am Steinberg und an der Roten Niestequelle werden der Bilsteinturm und das Naturdenkmal Roter See erreicht.

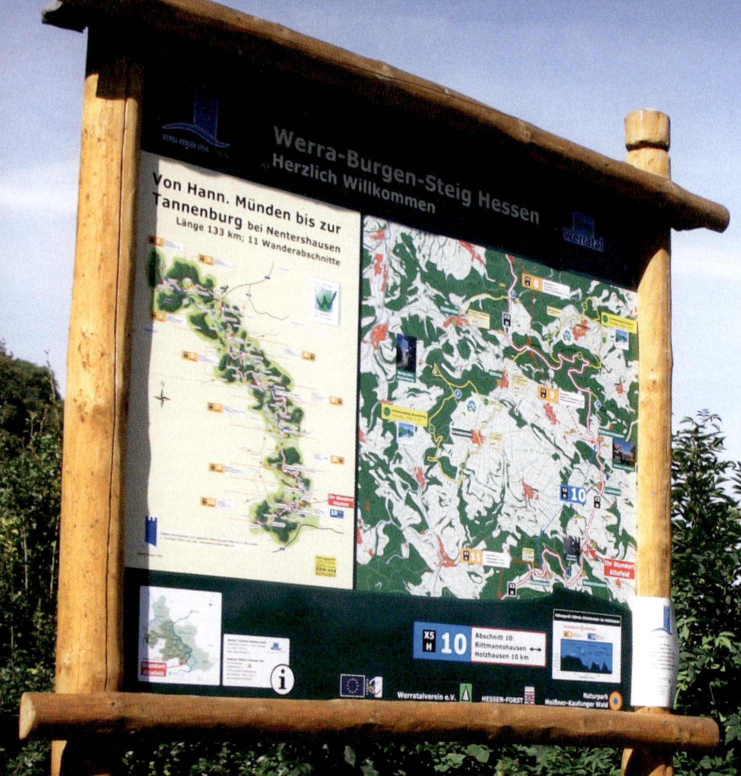

Der Werra-Burgen-Steig Hessen

Wanderportal in Altefeld

Der Weg im Überblick

Der Werra-Burgen-Steig blickt auf eine lange Geschichte zurück. Bereits im Jahre 1885 wurde durch den Werratalverein ein Wanderweg von Hann. Münden bis zur Wartburg markiert. Mit der Teilung Deutschlands wurde auch der Werra-Burgen-Steig geteilt, was zur Folge hatte, dass zwei Varianten entstanden. Eine Variante führt von Hann. Münden bis zur Tannenburg kurz vor Nentershausen, die andere durch das thüringische Eichsfeld bis zur Ruine der Brandenburg bei Lauchröden (Wartburgkreis). Von Hann. Münden bis zur Tannenburg wurde der Weg ganz „frisch" als Qualitätsweg Wanderbares Deutschland zertifiziert und mit „X5 H" (wie Hessen) gekennzeichnet. Die andere Variante ist nur mit dem X5 markiert.

Seitens des Naturparks Meißner-Kaufunger Wald wurde der Werra-Burgen-Steig Hessen in 11 Abschnitte eingeteilt. Stimmt diese Einteilung noch bis einschließlich des 8. Abschnitts mit denen im Buch überein, gibt es ab dann einen kleinen Unterschied. Die Naturparkverwaltung teilte die Strecke von Röhrda zur Tannenburg/Nentershausen in drei Abschnitte ein, wobei in Rittmannshausen eine zusätzliche Unterbrechung vorgesehen ist. Der Autor empfiehlt, diese drei Abschnitte zu zwei Abschnitten zusammenzufassen, da es bis Rittmannshausen nur rund 11 km sind und es dort keine Einkehr- und Übernachtungsmöglichkeit gibt. Wer in Rittmannshausen aussteigen möchte, findet entsprechende Hinweise in der Wegbeschreibung.

Die Besonderheit des 1. Abschnittes ist ganz eindeutig der Startort Hann. Münden mit seiner außergewöhnlichen Lage an drei Flüssen sowie natürlich der historischen Altstadt mit ihren Hunderten bezaubernden Fachwerkhäusern. Die Etappe ist bewusst kurz gewählt, sodass Zeit zur Verfügung steht, bei Anreise am ersten Wandertag noch einen Rundgang durch Hann. Münden zu unternehmen. Kurz vor Lippoldshausen befindet sich der Standort der weitgehend unbekannten Lippoldsburg.

Auf dem 2. Abschnitt werden zum Teil lange, fast schnurgerade breite Forstwege unter die Sohlen genommen. Mit dem Überqueren der Autobahn A7 wird auch die Grenze zu Hessen überschritten. Die Wanderwege werden nun wieder schmaler. Nach der Siedlung Hübenthal steht ein kräftiger Anstieg hinauf ins Mittelalter an: Schloss Berlepsch erwartet seine staunenden Gäste!

Der 3. Abschnitt besteht aus einem Wechsel von Waldgebieten und landwirtschaftlichen Nutzflächen. Nähert man sich dem Ziel Witzenhausen, rücken vermehrt die zahllosen Kirschbäume in den Vordergrund.

Ein beständiger Wechsel von Mischwäldern, Wiesen und Feldern und Obstbäumen sowie prächtige Ausblicke auf Burg Hanstein und der Besuch von Burg Ludwigstein kennzeichnen den 4. Abschnitt. Hier ist der Übergang zur thüringischen Variante.

Die typischen Waldlandschaften beherrschen den 5. Abschnitt. Oft verlaufen die Wege entlang enger bewaldeter Bachtäler. Wie überall am Werra-Burgen-Steig Hessen versperren keine dunkle Fichtenwälder die Sicht, vielmehr sorgen Buchen- und Eichenwälder für genügend Luft. Habichtstein und Roßkopf sorgen für den perfekten Überblick und in Bad Sooden-Allendorf warten Wellnessangebote.

Der 6. Abschnitt führt zunächst in unmittelbarer Nähe zur Werra an dieser entlang. Anschließend geht es auf einem steilen, aber lohnenden Anstieg zum Schloss Rothestein. Damit ist aber erst die Hälfte der zu bewältigenden Höhenmeter hinauf zur Hörne geschafft.

Hier im Naturschutzgebiet Hessische Schweiz werden Wanderträume garantiert erfüllt! Naturbelassene Pfade, beeindruckende Felslandschaften und einmalige Aussichten machen das möglich. Durch die direkte Nähe zu Thüringen bietet sich eine spannende Alternativroute entlang des Grünen Bandes an.

Steigungsarm, aber wasserreich geht es auf dem 7. Abschnitt zu. Bach, Fluss und Seen sind die treuen Begleiter bis in die Kreisstadt Eschwege. Die Stadt wartet mit so mancher Sehenswürdigkeit auf, für die genügend Zeit eingeplant werden sollte.

Beständig führt der Werra-Burgen-Steig Hessen auf dem 8. Abschnitt durch die abwechslungsreichen Mischwälder, die mit zwei kräftigen Anstiegen gespickt sind. Am Schieferstein wird die Route mit Ziel Röhrda vorübergehend verlassen.

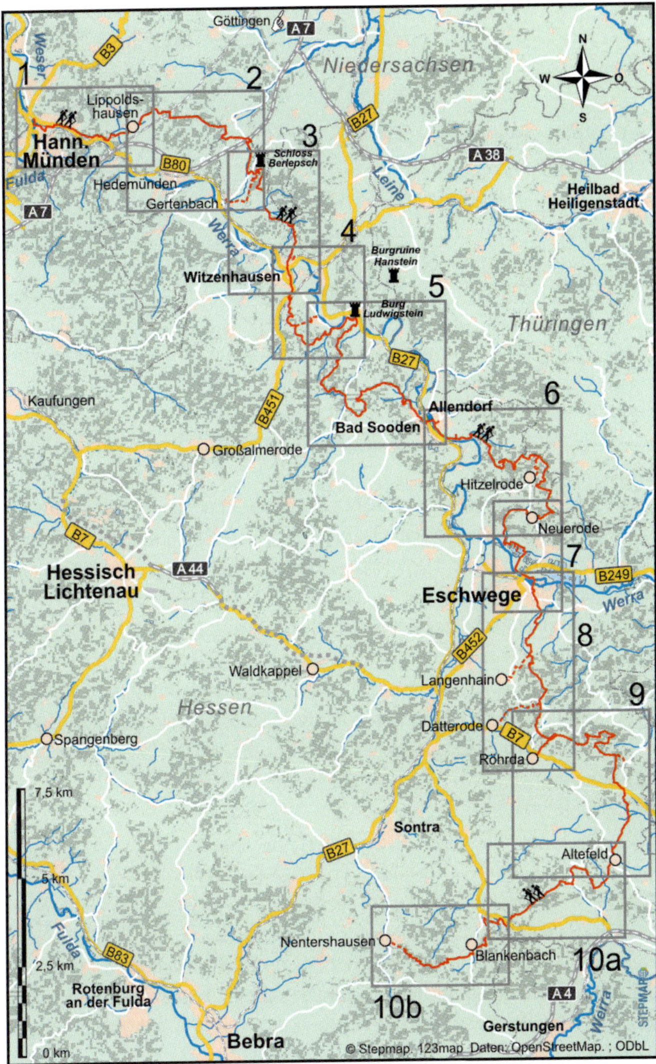
Göttingen
A7
B3
Weser
Niedersachsen
N
W
O
S
1
2
3
4
5
6
7
8
9
10a
10b
Lippoldshausen
Hann. Münden
B80
Fulda
Hedemünden
Gertenbach
A7
Schloss Berlepsch
B27
Leine
A 38
Heilbad Heiligenstadt
Werra
Burgruine Hanstein
Witzenhausen
Burg Ludwigstein
Thüringen
B27
Kaufungen
B451
Allendorf
Bad Sooden
Großalmerode
Hitzelrode
Neuerode
B7
Hessisch Lichtenau
A 44
B249
Eschwege
Werra
B452
Waldkappel
Langenhain
Hessen
Datterode
B7
Spangenberg
Röhrda
7,5 km
Sontra
B27
Altefeld
5 km
Fulda
Nentershausen
Blankenbach
B83
2,5 km
Rotenburg an der Fulda
A4
Werra
Gerstungen
Bebra
0 km
© Stepmap. 123map Daten: OpenStreetMap. ; ODbL
STEPMAP

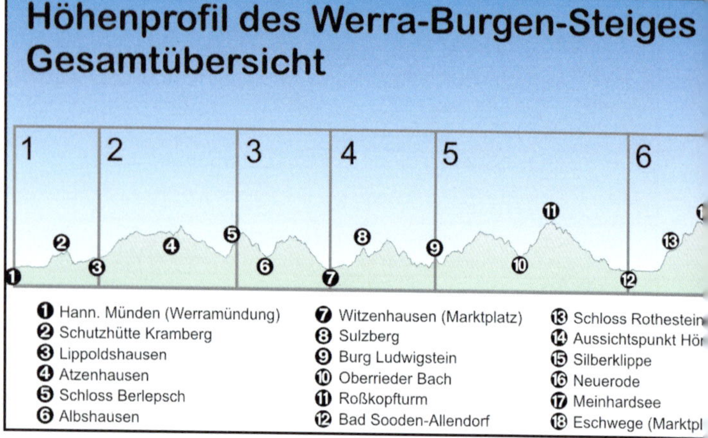

Der 9. Abschnitt überrascht: Hier begegnen Ihnen immer wieder Kunstwerke am Wegesrand. Willkommen auf dem parallel verlaufenden Kunstwanderweg ARS NATURA! Dem Naturschutzgebiet Graburg schließt sich ein langer, aber bequemer Abstieg an. Über eine Hochebene geht es dem Dorf Altefeld entgegen.

Nach einem knackigen Anstieg hinauf zur Burgruine Brandenfels führt die letzte Etappe an der Kirche des hübschen Dörfchens Holzhausen und an einem ehemaligen Rittergut vorbei. Wald ist der ständige Begleiter bis zur Tannenburg.

Die thüringische Variante

Der mit X5 (ohne den Zusatz H!) markierte Werra-Burgen-Steig startet an der Burg Ludwigstein, führt hinunter zur Werra und in den auf der gegenüberliegenden Flussseite liegenden Ort Werleshausen. Von dort ist es nicht weit bis zur Ortschaft Bornhagen, die bereits zu Thüringen gehört. Nun schließt sich mit dem Aufstieg zur Burgruine Hanstein (📷 Seite 27) der Besuch der größten Burgruine Mitteldeutschlands an.

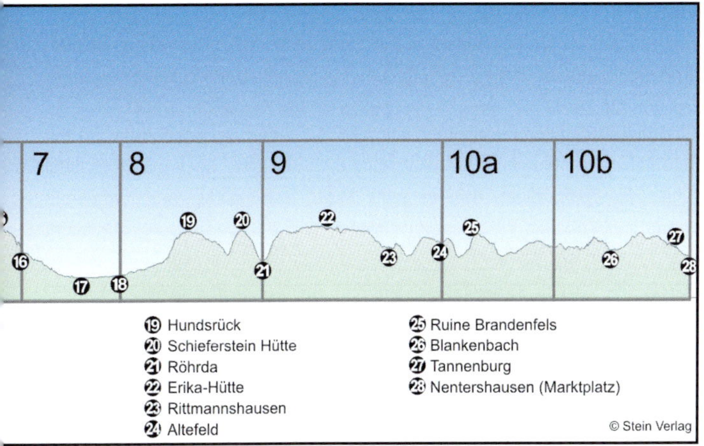

Burgruine Hanstein, März bis Okt Mo bis So 10:00 bis 18:00, Nov Mo bis So bis 10:00 bis 16:00, Dez bis Feb Sa, So und Feiertage 10:00 bis 16:00, ☏ 03 60 81/678 56, info@burgruine-hanstein.de, www.burgruine-hanstein.de

Weiter geht's zur Teufelskanzel, einem Sandsteinfelsen, von dem sich ein grandioser Blick auf die tief unten fließende Werra und das Dorf Lindenwerra sowie auf das umliegende Gebirge bietet. Eine Rast in der rustikalen, über 130 Jahre alten Berghütte vervollständigt den Höhenflug.

Berghütte Teufelskanzel, 1. April bis 31. Okt täglich 11:00 bis 18:00, 1. Nov bis 31. März Sa, So und Feiertage 11:00 bis 17:00, ☏ 03 60 81/612 37, teufelskanzel@gmx.de, www.teufelskanzel.de. ☺ Eine Winterwanderung und am knisternden Kamin „Omas Erbseneintopf" genießen!

Um die Entstehung der Teufelskanzel rankt sich die folgende Sage:
„Als einmal in der Walpurgisnacht die Hexen auf dem Brocken ihre alljährliche Zusammenkunft hielten, bei der auch immer der Teufel anwesend war, wurde dieser von der Versammlung gefragt, ob er wohl imstande sei, den gewaltigen Felsenkoloss, auf dem er soeben gestanden hatte, auf den Hohen

Meißner in Hessen zu tragen. Allerdings dürfe er den Felsen keinmal absetzen und auch keine Rast einlegen. Als Satan dieses mit höhnischem Gelächter bejahte, gingen einige junge Herren, die mit den Hexen gekommen waren, mit ihm die Wette ein, dass er sein Vorhaben nicht schaffen würde.

Sobald die Tanzerei beendet war, fuhr der Satan wie ein Sturmwind mit dem Felsen von dannen. Eine Weile ging die wilde Fahrt auch gut, aber dann fühlte der Teufel doch, dass er seine Kräfte überschätzt hatte. Der Stein wurde von Sekunde zu Sekunde schwerer, und als der Böse am Höheberg angekommen war, fühlte er sich so matt, dass er beschloss, ein Stündchen zu ruhen. Die Hexen, so dachte er, könnten ihn hier in den dichten Wäldern nicht sehen. Daher überlegte er nicht lange, setzte seinen Stein nieder und streckte sich aus.

Doch die Hexen waren misstrauisch. Sie wollten sehen, wie er mit seiner Felsenkanzel auf dem Meißner ankäme. Daher schickten sie ihm einige Beobachterinnen nach. Wenn er selbst unter den dichten Bäumen des Waldes auch nicht zu sehen war, so war doch der Felsen schon von Weitem zu erkennen. Wo der Felsen ist, dachten die Hexen, kann sein Träger nicht weit sein! Und nach kurzer Zeit hatten sie den Schlafenden gefunden. „Hans, du Faulpelz, was machst du da?", riefen sie ihm zu und lachten ihn aus. Erschrocken fuhr der Teufel aus dem Schlaf auf, und beschämt, sich so ertappt zu sehen, fuhr er in die Lüfte, zerriss die neugierigen Hexen und stob davon, ohne sich noch einmal um den vom Brocken hierher geschleppten Felsblock zu kümmern. Als das Volk die Geschichte erfuhr, nannte es den vor dem Berge stehenden Felsen die Teufelskanzel."

Quelle: 💻 www.burgruine-hanstein.de

Von der Burgruine weist die X5-Markierung durch die Dörfer Fretterode und Vatterode hinauf zur Burgruine Altenstein. Es dauert nicht lange und die Wanderung setzt sich entlang des Grünen Bandes (☞ Seite 84) fort. Über die höchste Erhebung des Eichsfeldes werden die wenigen Reste der einstigen Burg Greifenstein erreicht. Dann geht es hinauf zum Wallfahrtsort Hülfensberg mit der St.-Salvator-Kirche, anschließend gelangen Sie zur Burg Normannstein oberhalb des Städtchens Treffurt.

Über die Werra hinweg steigen Sie auf den Heldrastein mit seiner schroffen Felskante und wandern bis zur Creuzburg in der gleichnamigen Ortschaft.

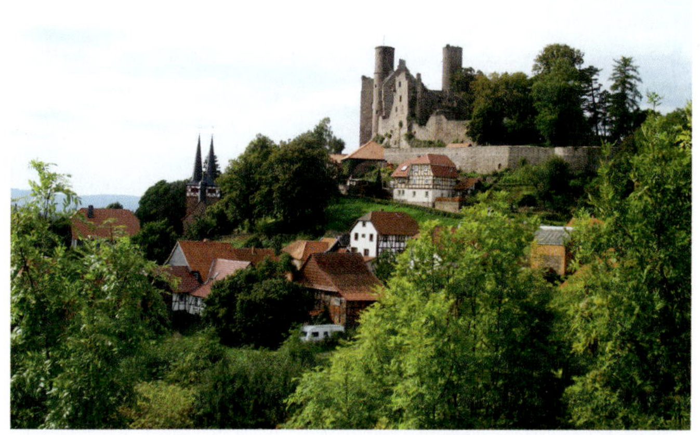

Burgruine Hanstein und Rimbach

Am Ortsrand wird die Werra über eine historische Steinbrücke mit einer Kapelle erneut überquert und gemeinsam mit dem aus Eisenach kommenden Elisabethpfad geht es nach Hörschel, Startpunkt des bekannten Rennsteigs. Von hier aus sind die Wartburg und die Stadt Eisenach nicht mehr weit.

- 🕮 **Via Regia - Pilgerweg von Görlitz nach Vacha**, Thorsten Hoyer, OutdoorHandbuch Band 288, Conrad Stein Verlag, ISBN 978-3-86686-316-3, € 12,90
- 🕮 **Rennsteig**, Thorsten Hoyer, OutdoorHandbuch Band 113, Conrad Stein Verlag, ISBN 978-3-86686-401-6, € 12,90
- 🕮 **Elisabethpfad**, Thorsten Hoyer, OutdoorHandbuch Band 255, Conrad Stein Verlag, ISBN 978-3-86686-255-5, € 9,90
- 🕮 **Thüringen: Ausflüge zu den Burgen der Ludowinger von der Schauenburg bis zur Neuenburg**, Pia und Rainer Thauwald, Band OutdoorHandbuch Band 234, Conrad Stein Verlag, ISBN 978-3-86686-234-0, € 12,90
- 🕮 **Thüringenweg**, Sabine Flöry und Jörg Schaar, OutdoorHandbuch Band 313, Conrad Stein Verlag, ISBN 978-3-86686-367-5, € 14,90

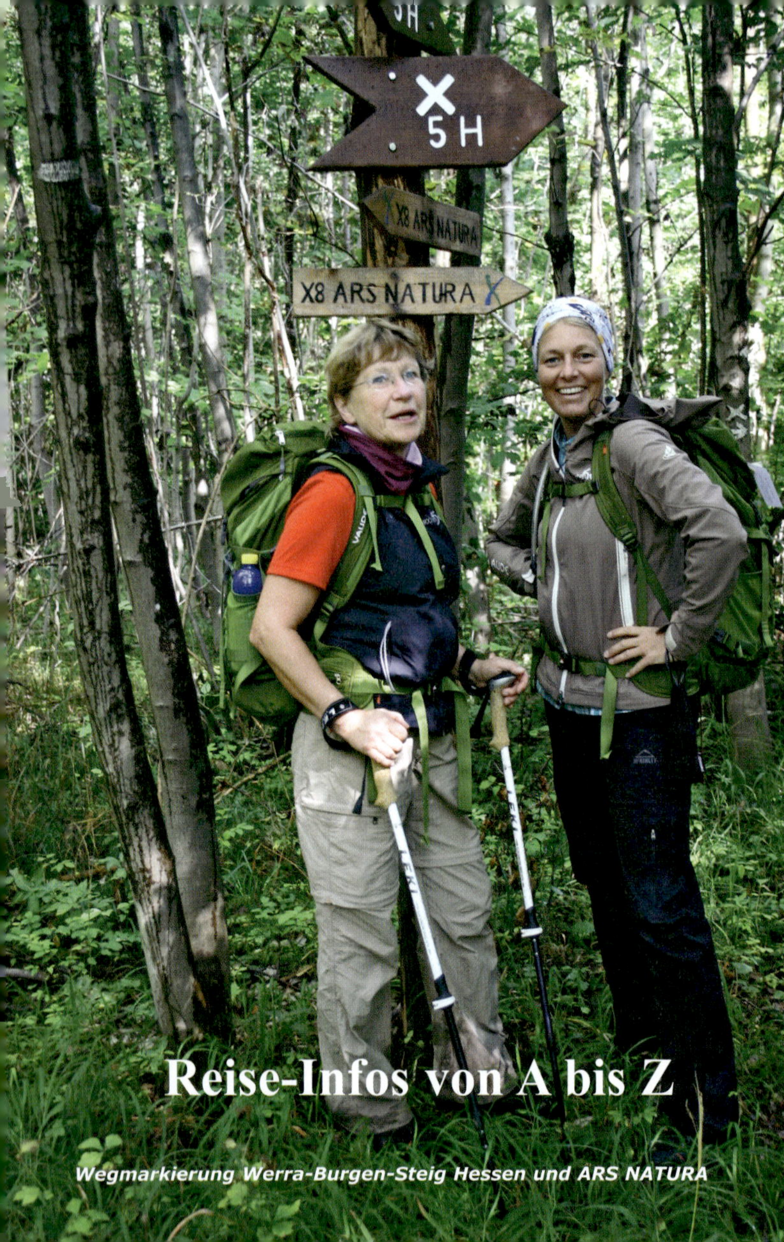

Reise-Infos von A bis Z

Wegmarkierung Werra-Burgen-Steig Hessen und ARS NATURA

Anforderung und Wegmarkierung

Der Werra-Burgen-Steig Hessen ist durchgängig mit einem weißen X5 H markiert. An einigen Kreuzungen, Gabelungen und Abzweigen weisen Schilder mit dem Kürzel auf die Wegführung hin. In Ortschaften sind es schwarze Aufkleber mit dem weißen X5 H, die den Weg zeigen. Grundsätzlich ist die Markierung ausreichend und es gibt somit keine Orientierungsschwierigkeiten. Natürlich kann niemand ausschließen, dass es aufgrund von forst- und landwirtschaftlichen Tätigkeiten oder durch Witterungseinflüsse auch mal zu Beeinträchtigungen bei der Wegweisung kommen kann. Das wird in der Regel aber umgehend korrigiert.

Über weite Teile verläuft der Werra-Burgen-Steig Hessen auf bequem zu laufenden Forst-, Feld- und Wiesenwegen. Zwischendurch geht es aber auch immer wieder über naturbelassene Pfade mit zum Teil kräftigen An- und Abstiegen, die insbesondere bei Nässe Aufmerksamkeit verlangen.

Anreise und ÖPNV

Sowohl Hann. Münden als auch die Etappenorte Witzenhausen, Bad Sooden-Allendorf und Eschwege sind an das Schienennetz der Deutschen Bahn angebunden. Somit ergeben sich praktische An- und Abreisemöglichkeiten, wodurch sich die Erwanderung des Werra-Burgen-Steiges Hessen entsprechend der zur Verfügung stehenden Zeit bequem planen lässt. Die übrigen Ortschaften entlang der einzelnen Etappen verfügen nicht immer über ausreichende bzw. hinsichtlich der Fahrzeiten komfortable ÖPNV-Verbindungen. An Wochenenden und Feiertagen kann sich das noch verstärkt bemerkbar machen. Bei jedem Etappenort wird auf die zur Verfügung stehenden ÖPNV-Verbindungen hingewiesen. Sollten keine oder nur unzureichende Verbindungen bestehen, sind zusätzlich die Telefonnummern des nächstgelegenen Taxiunternehmens aufgeführt. Es lohnt aber auch immer, beim Gastgeber einfach mal nach einem Hol- und Bringdienst zu fragen, viele bieten diesen Service an.

Anreise mit dem Pkw

Hann. Münden liegt nur wenige Kilometer von der Autobahn A7 entfernt. Von Süden kommend, verlassen Sie die Autobahn an der Ausfahrt „Hann.

Münden; Staufenberg/Lutterberg" und erreichen die Stadt über die B496 nach ca. 8 km. Reisen Sie aus dem Norden an, nehmen Sie die Ausfahrt „Hann. Münden; Hedemünden", dann sind es noch etwa 10 km über die B80. Aus östlicher Richtung führt der Weg über die A38 bis zur Ausfahrt „Hann. Münden; Hedemünden", weiter geht es ebenfalls über die B80 ins ca. 10 km entfernte Hann. Münden. Von Westen kommend, fahren Sie über die A44 und wechseln bei Kassel auf die A7 Richtung Göttingen.

P In Hann. Münden kann direkt am Start-/Zielpunkt auf dem Tanzwerder kostenlos geparkt werden. In der Nähe der Tannenburg steht oberhalb des Feriendorfes der Wanderparkplatz „Schweinerevier" kostenlos zur Verfügung.

Anreise mit dem Flugzeug

Nur rund 25 km von Hann. Münden entfernt befindet sich der erst im April 2013 eröffnete Flughafen Kassel-Calden. Busse der Linie 130 fahren von dort montags bis freitags im Stundentakt zum ICE-Bahnhof Kassel-Wilhelmshöhe, an den Wochenenden richten sich die Fahrzeiten nach den aktuellen Flugplänen. Für die Fahrzeit müssen etwa 40 Min. kalkuliert werden.

www.flughafenkassel.de

Bahnverbindungen

Über die ICE-Bahnhöfe von Kassel-Wilhelmshöhe (Fahrzeit zwischen 15 und 30 Min.) und Göttingen (zwischen 30 und 60 Min.) bestehen zahlreiche Verbindungen nach Hann. Münden. Die Bahnhöfe der Etappenorte Witzenhausen, Bad Sooden-Allendorf und Eschwege sind untereinander sehr gut vernetzt.

Aktuelle Fahrplanauskünfte über DB-Verbindungen erhalten Sie unter folgenden Telefonnummern bzw. Internetadressen:

- Rund um die Uhr gibt es unter ☎ 018 06/99 66 33 Informationen über Zugverbindungen und Fahrpreise der Deutschen Bahn und es können auch Buchungen von Fahrkarten und Reservierungen vorgenommen werden.
- Kostenlose DB-Fahrplanauskünfte über ein Sprachdialogsystem sind ebenfalls rund um die Uhr möglich, ☎ 08 00/150 70 90.
- Umfassende Informationen bekommen Sie bei der Deutschen Bahn auch unter www.bahn.de.

Busverbindungen

Über Busverbindungen und Einsätze von Anrufsammeltaxis entlang des Werra-Burgen-Steiges Hessen können Sie sich bei diesen Dienstleistern informieren:

- Nahverkehr Werra-Meißner GmbH (NWM), ☏ 056 51/745 70, info@nwm-esw.de, www.nwm-esw.de
- Nordhessischer VerkehrsVerbund (NVV), ☏ 08 00/939 08 00 (gebührenfrei), info@nvv.de, www.nvv.de

Der Nordhessische VerkehrsVerbund unterhält außerdem in Hann. Münden am Bahnhof einen InfoPoint, Mo bis Fr 7:00 bis 11:00 und 12:00 bis 17:00, Sa 8:00 bis 14:00. Am Eschweger Bahnhof steht ein Kundenzentrum für Informationen rund um den ÖPNV zur Verfügung, Mo bis Fr 7:30 bis 12:00 und 13:00 bis 18:00, Sa 9:30 bis 13:30.

Ausrüstung

Bei Wanderschuhen sollte auf eine griffige Profilsohle und gute Dämpfung geachtet werden. Auf die Frage, ob Halbschuhe oder knöchelhohe Schuhe besser geeignet sind, gibt es sicher keine gemeingültige Antwort. Wichtig ist, dass Sie in den Schuhen bequem unterwegs sind und sich sicher fühlen. Ausschlaggebend ist daher einzig und allein das persönliche Wohlbefinden. Auch wenn die meisten Abschnitte hinsichtlich ihrer Streckenlänge überschaubar sind, so sollte doch immer etwas Proviant mit auf Wanderschaft gehen. In den kleinen Orten gibt es zumeist keine Lebensmittelläden mehr. Die Rucksackgröße ist natürlich immer auch davon abhängig, was individuell als unverzichtbar angesehen wird. Empfehlenswert ist es, einen kleineren Rucksack zu wählen, dann fällt das Aussortieren von möglicherweise überflüssigen Dingen leichter.

Feste feiern

Rund ums Jahr findet in den Städten und Gemeinden eine Vielzahl an unterschiedlichsten Veranstaltungen statt. In der folgenden Übersicht sind die überregional bekannten Veranstaltungen aufgelistet. Informationen hierzu gibt es auch unter www.werra-burgen-steig-hessen.de

Hann. Münden

- In der Regel am ersten Wochenende im Juni steigt das beliebte Altstadtfest. Neben zahlreichen Ständen sorgen die musikalischen Darbietungen für viel Unterhaltung.
- Der Herbst- und Bauernmarkt öffnet in der zweiten Septemberhälfte seine Pforten. Angeboten werden frisch geerntetes Obst und Gemüse, kunstvolle Blumensträuße, Kunsthandwerk und natürlich schmackhafte Spezialitäten aus der Region.
- Denkmal! Kunst! - Kunst! Denkmal! ist ein außergewöhnliches Kultur- und Kunstfestival, für das sich alle zwei Jahre Ende Sept./Anfang Okt. Türen und Tore zahlreicher historischer Gebäude öffnen und 10 Tage lang die Bühne für Musik, Theater, Kabarett, Lesungen und Performances sind. Nationale wie internationale Künstler präsentieren ihre unterschiedlichen Arbeiten. www.denkmalkunst-kunstdenkmal.de

Witzenhausen

- Jedes Jahr findet am vorletzten Juniwochenende die Kesperkirmes statt. Mit der Wahl der Kirschenkönigin und der Austragung der Deutschen Meisterschaft im Kirschkernweitspucken steht das Fest ganz im Zeichen der kleinen roten Frucht. www.kesperkirmes.de
- Immer im August steigen die Feierlichkeiten zum traditionsreichen Erntedank- und Heimatfest. Während der fünftägigen Feierlichkeiten wird ein buntes Programm mit Bühnenshows, Festumzug und Feuerwerk geboten. www.erntefest.net

Bad Sooden-Allendorf

- Märchenhaft geht es jedes Jahr ab Ostersonntag zu. Dann nämlich beginnt die Märchenwoche. Sucht man nach Spuren der Brüder Grimm, wird man hier schnell fündig: Frau Holle bezieht das Söder Tor, um die Betten täglich auszuschütteln. Eine ganze Woche lang dreht sich alles um Märchen und das einzigartige Programm ist nicht nur etwas für Kinder. www.maerchenwoche.de
- Seit Jahrhunderten wird aus Dankbarkeit für die vorhandene Sole an Pfingsten das Brunnenfest begangen. Es gibt eine Vorführung des Salzsiedens. www.brunnenfest-in-bsa.de

- Alljährlich am dritten Wochenende im August putzt sich die Stadt für ihr Ernte- und Heimatfest heraus. Das bedeutende Fest wird seit dem Jahr 1858 gefeiert, der Ablauf hat sich seitdem kaum geändert. Fünf „dolle“ Tage mit allerlei Unterhaltung. www.erntefest.de

Eschwege

- Das Johannisfest wird alljährlich am ersten Wochenende im Juli gefeiert. Sind bereits Sommerferien, wird das Fest entsprechend vorverlegt. Für den Umzug am Sonntag steigt sogar der Dietemann von seinem Turm und feiert beim traditionellen Stadtfest mit.
- Bereits seit 1985 findet immer am zweiten Augustwochenende das viertägige Open Flair Festival statt. Bei dem Musikfestival steht die Stilrichtung Rock im Vordergrund, aber auch Comedy und Kleinkunst fehlen nicht - wovon sich bis zu 15.000 Besucher begeistern lassen. www.open-flair.de

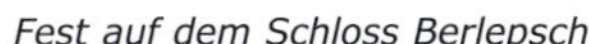

Fest auf dem Schloss Berlepsch

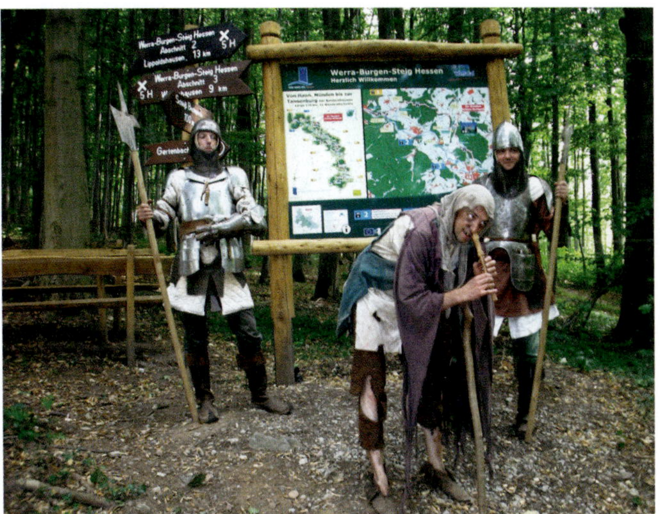

Burgfeste

Außergewöhnliche Erlebnisse sind ganz sicher immer die auf den Burgen stattfindenden Veranstaltungen. Zumeist stehen sie natürlich unter einem zur Örtlichkeit und Jahreszeit passenden Motto. Es lohnt sich also immer, auf deren Internetseiten vorbeizusurfen. Die Webadressen sind in den Abschnittsbeschreibungen bei den Burgen aufgeführt.

Informationen

Die Adressen und Telefonnummern der Touristinformationen in den einzelnen Orten sind jeweils zum Ende der betreffenden Wegbeschreibung aufgeführt. Darüber hinaus halten die Tourismusverbände auf Regions- und Landesebene weiterführende bzw. ergänzende Informationen bereit.

Niedersachsen

- TourismusMarketing Niedersachsen GmbH, Essener Straße 1, 30173 Hannover, ☏ 05 11/270 48 80 und 27 04 88 88, info@tourismusniedersachsen.de, www.reiseland-niedersachsen.de
- ♦ Galerie Göttinger Land, Reinhäuser Landstraße 4, 37083 Göttingen, ☏ 05 51/52 54 70, galerie@goettingerland.de, www.goettingerland.de
- ♦ Touristik Naturpark Münden e.V., Lotzestr. 2, 34346 Hann. Münden, ☏ 055 41/753 13, info@hann.muenden-tourismus.de, www.hann.muenden-tourismus.de

Hessen

- HA Hessen Agentur GmbH, Tourismus- und Kongressmarketing, Konradinerallee 9, 65189 Wiesbaden, ☏ 06 11/95 017 81 40, info@hessen-tourismus.de, www.hessen-tourismus.de
- ♦ Regionalmanagement GrimmHeimat NordHessen GmbH, Ständeplatz 13, 34117 Kassel, ☏ 05 61/970 62 17, urlaub@regionnordhessen.de, www.regionnordhessen.de
- ♦ Werratal Tourismus Marketing GmbH, Niederhoner Straße 54, 37269 Eschwege, ☏ 056 51/99 23 30, info@urlaub-werratal.de, www.urlaub-werratal.de
- ♦ Informationsbüro Zweckverband Naturpark Meißner-Kaufunger Wald, Wolfteroder Straße 4a, 37297 Berkatal-Frankershausen, ☏ 056 51/95 21 25, info@naturparkmeissner.de, www.naturpark-mkw.de

Kulinarisches

Bei den Spezialitäten aus Nordhessen ragt ein Produkt leuchtturmgleich heraus: die Ahle Wurscht! Die traditionelle Herstellung dieser Rohwurst wurde über Jahrhunderte unverändert weitergegeben und bis heute bewahrt. Jegliches Zugeben von chemischen oder künstlichen Zusätzen ist streng verboten. Während der drei- bis neunmonatigen Reifezeit werden die Würste immer wieder gewaschen und im Reiferaum umgehängt. Da dieses traditionelle Herstellungsverfahren durch die heutige industrielle „Fertigung" bereits weitgehend verdrängt ist, wurde die Nordhessische Ahle Wurscht von der Organisation Slow Food Deutschland e.V. in deren Liste „Arche des Geschmacks" aufgenommen.

Um dieses kulinarische Erbe Nordhessens zu bewahren und bekannter zu machen, hat sich 2004 der Förderverein Nordhessische Ahle Wurscht e.V. mit Sitz in Meinhard im Werra-Meißner-Kreis gegründet. Viel Wissenswertes und Rezepte gibt es auf 💻 www.nordhessische-ahle-wurscht.de.

☺ Der Autor, selbst gebürtiger Nordhesse und im ersten Berufsleben gelernter Koch, ist ein echter Liebhaber der Ahlen Wurscht! So mag er sie besonders: Ahle Wurscht in Scheiben (oder Würfel, Stifte…) schneiden, in einer heißen Pfanne schwenken und mit frisch gebratenen Kartoffeln vermengen.

Nicht zu fein geschnittene Frühlingszwiebeln darüber geben und mit eingelegter Roter Beete und frischem Meerrettich servieren. Dazu ein frisches Bier (z.B. Eschweger Klosterbräu) - die helle Gaumenfreude!

Karten

▷ **Topographische Freizeitkarte Meißner-Kaufunger Wald**, Maßstab 1:50.000, ISBN 978-3-89446-318-2, € 9,50 (Die Karte ist 2012 erschienen, die letzten Änderungen im Wegverlauf sind daher noch nicht berücksichtigt.)

▷ **Wanderkarte Werra-Burgen-Steig Hessen X5 H Hann. Münden - Nentershausen**, Verlag Publicpress, Maßstab 1:25.000, ISBN 978-3-89920-744-6, € 6,95

Literatur

- ▷ **Die Werra - Landschaft und Leben am Fluss zwischen Thüringer Wald und Hann. Münden**, Manfred Lückert, Rockstuhl Verlag, 304 Seiten, ISBN 978-3-86777314-0, € 29,95. Eine (Zeit)Reise entlang der Werra.
- ▷ **Werratal - von der Quelle bis zur Mündung**, Tino Sieland, Wartberg Verlag, 72 S., ISBN 978-3-83132312-8, € 15,90. Ein Bildband.
- ▷ **Das Ahle Wurscht Buch**, Verlag Neumann-Neudamm, 119 Seiten, ISBN 978-3-78881347-5, € 14,95. Eine Hommage an DIE nordhessische Spezialität.
- ▷ **Und sollt ich einst gestorben sein**, Ralph Nowag, Matthias Schäfer Verlag, 608 Seiten, ISBN 978-3-93948208-6, € 12,90. Der Eschwege-Krimi!

Reisezeit

Die reizvollsten Jahreszeiten für Wanderungen auf dem Werra-Burgen-Steig Hessen sind das Frühjahr und der Herbst. Aber auch die Sommermonate bieten sich an, denn in der waldreichen Region findet man auch bei hochsommerlichen Temperaturen immer schattige Plätzchen. Der Werra-Burgen-Steig Hessen ist kein Winterwanderweg und birgt bei Schnee und Eis natürliche Risiken.

Umweltschutz

Eigentlich sollte es für jeden Wanderer und Naturliebhaber eine Selbstverständlichkeit sein, dennoch sei an dieser Stelle auf folgende Punkte hingewiesen:

- ▷ Bitte tragen Sie Ihren Teil zum Schutz von Tieren und Pflanzen bei, indem Sie auf markierten Wegen und Pfaden bleiben. Unterhaltungen in angemessener Lautstärke sowie der Verzicht auf laute Musik schützen ebenfalls die scheuen Waldbewohner.
- ▷ Bitte machen Sie Feuer nur an den speziell dafür vorgesehenen Stellen und verzichten Sie auf das Rauchen!

- ▷ Abfallbehälter sind gut - wenn sie denn auch entsprechend genutzt werden! Am sinnvollsten ist es, wenn Sie Ihren Abfall wieder nach Hause oder bis zum nächsten Quartier mitnehmen.
- ▷ Sogenanntes „wildes" Zelten sowie das Übernachten in Schutzhütten ist nicht erlaubt.
- ▷ Gehen Sie auf Nummer sicher und lassen Sie Ihren Hund im Wald bitte an der Leine.

Frostiger Herbsttag

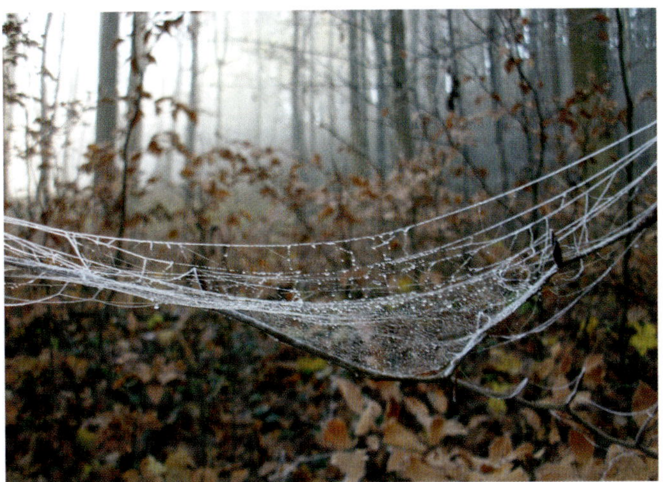

Unterkünfte

In Hann. Münden, Witzenhausen, Bad Sooden-Allendorf und Eschwege stehen ausreichend unterschiedliche Unterkünfte zur Verfügung. Hier wurde zugunsten der Übersichtlichkeit auf die Nennung von Ferienwohnungen und Privatzimmern verzichtet. In den Dörfern ist das Angebot naturgemäß begrenzt. Besonderheiten stellen die Etappenziele Schloss Berlepsch und Burg Ludwigstein dar, wo auch übernachtet werden kann. Die Auswahl der im Buch aufgeführten Häuser orientiert sich an den Angaben der Touristinformationen der jeweiligen Städte, ein Anspruch auf Vollständigkeit kann nicht gewährt werden. Die Touristinformationen sind Ihnen bei der Vermittlung von Unterkünften gerne behilflich.

Die in diesem Buch aufgeführten Preise beziehen sich auf die jeweils günstigste Saison und nur eine Übernachtung, bei der in der Regel ein Frühstück inkludiert ist. Die Reihenfolge bei den Auflistungen hängt mit den Preisen für eine Übernachtung zusammen: der höchste zuerst, dann absteigend.

Den meisten Wanderern dürfte neben der Bezeichnung „Qualitätsweg Wanderbares Deutschland" inzwischen auch der „Qualitätsgastgeber Wanderbares Deutschland" ein fester Begriff sein. Unterkunftsbetriebe haben die Möglichkeit, sich hinsichtlich ihrer speziell auf die Bedürfnisse von Wandergästen angebotenen Leistungen überprüfen zu lassen und ein Zertifikat zu erwerben. Mit diesem Qualitätsversprechen wollen sie einen Service bieten, der über das gewohnte Maß hinausgeht. Unter anderem darf der Wanderer Folgendes erwarten:

- ▷ Für das Trocknen von Kleidung und Ausrüstung steht ein Trockenraum zur Verfügung.
- ▷ Der Gastgeber informiert über das aktuelle Wetter.
- ▷ Für die Wanderschuhe stehen Ablageschalen und Schuhputzzeug zur Verfügung.
- ▷ Wanderer werden kurzfristig und auch für nur eine Nacht aufgenommen.
- ▷ Die Mitarbeiter des Hauses sind wanderkundig und können über Wanderangebote informieren.
- ▷ Routenvorschläge und individuelle Tourenberatung werden angeboten.
- ▷ Informationen über Sehenswürdigkeiten werden bereitgehalten.
- ▷ Das Buchen der nächsten Unterkunft wird übernommen.
- ▷ Neben einem Hol- und Bringservice von bzw. zu den Wanderwegen kann auch der Gepäcktransfer organisiert werden.

Entlang des Werra-Burgen-Steiges Hessen ist die Anzahl der Gastgeber mit einer solchen Zertifizierung bisher noch sehr überschaubar. Es ist aber davon auszugehen, dass sich deren Anzahl steigern wird. Auf die zertifizierten Betriebe wird entsprechend hingewiesen.

Möglichkeiten, das eigene Zelt aufzuschlagen, bestehen an Schloss Berlepsch, Burg Ludwigstein, auf den Campingplätzen in Witzenhausen, Bad Sooden-Allendorf und Eschwege sowie bei Unterkünften in Neuerode und Nentershausen. Darauf wird bei den Etappenbeschreibungen ebenfalls hingewiesen.

Unterwegs mit Hund

Viel Freude macht es, wenn der vierbeinige Begleiter mit auf Wanderschaft geht. Hinsichtlich Wegeprofil und Topografie ist das auf dem Werra-Burgen-Steig Hessen auch überhaupt kein Problem. Da aber nicht alle Beherbergungsbetriebe Hunde mit aufnehmen, empfiehlt sich das vorherige Anfragen im gewünschten Betrieb.

📖 Viele nützliche Informationen zum Thema enthält das folgende Buch: **Trekking mit Hund**, Heiko Kühr, OutdoorHandbuch Band 143, Conrad Stein Verlag, ISBN 978-3-86686-143-5, € 9,90

Updates

Der Conrad Stein Verlag veröffentlicht Updates zu diesem Buch, die direkt vom Autor oder von Lesern dieses Buches stammen. Bitte suchen Sie vor Ihrer Abreise auf der Verlags-Homepage 💻 www.conrad-stein-verlag.de diesen Titel. Unter dem Link „mehr lesen" finden Sie alle wichtigen Informationen. Der abgebildete QR-Code führt Sie direkt zu der richtigen Seite.

Werratal-Radweg

In luftigen knapp 800 m Höhe nimmt der Werratal-Radweg an den beiden am Rennsteig gelegenen Werraquellen im thüringischen Fehrenbach und Siegmundsburg seinen Lauf. Auf annähernd 300 km begleitet der durchgängig markierte Radweg den Flusslauf bis ins niedersächsische Hann. Münden, wo er am Zusammenfluss von Werra und Fulda endet. Auf dem Weg dorthin werden die reizvollen nordhessischen Städte Eschwege, Bad Sooden-Allendorf und Witzenhausen durchquert. Der Werratal-Radweg wurde 2011 zum beliebtesten Radweg Mitteldeutschlands (MDR-Onlinevoting) sowie auf Platz 9 der beliebtesten Fernradwege Deutschlands (ADFC-Radreiseanalyse) gewählt.

💻 www.werratal.de

Auf der Strecke von Witzenhausen nach Creuzburg verläuft parallel die Alternativroute des aus Kassel kommenden und nach Eisenach führenden Herkules-Wartburg-Radwegs. 💻 www.herkules-wartburg-radweg.de

Wassersport

Mit ihrer ruhigen Fließgeschwindigkeit ist die Werra perfekt geeignet, um sich der Landschaft auf sanfte Weise vom Kanu aus zu nähern. In den vergangenen Jahren wurden viele Anstrengungen unternommen, die notwendige Infrastruktur aufzubauen.

Auf über 200 Flusskilometern wurden rund 100 Anlege- und Umtragestellen eingerichtet und spezielle Pavillons laden zum Rasten ein. Informationen zu den Pegelständen gibt es unter 💻 www.wsa-hmue.wsv.de.

📖 **Rund um Lahn, Fulda, Werra, Weser, Leine**, Carola Hillmann, Thomas Kettler, Stefan Schorr, Kanu Kompass, Thomas Kettler Verlag, ISBN 978-3-934014-12-1, € 19,90

Wintersport

Auch für Winteraktivitäten ist man im Werratal gut aufgehoben. Auf einem knapp 4 km langen, speziell geräumten Winterwanderweg lässt sich die weiße Märchenwelt auf dem Hohen Meißner nahe Eschwege entspannt genießen. Ausgangspunkt ist der an der Landstraße L3241 gelegene Loipenparkplatz. Hier starten auch die Langlaufloipen. Auf einer 1,5 km langen Schnupperstrecke können sich Anfänger und Kinder optimal warmlaufen, bevor es auf die 9 km lange klassische Loipe geht. Wem das zu lang ist, kann auf 4 und 6 km abkürzen. Wer es etwas flotter mag, schnallt die Abfahrtsski an und vergnügt sich auf den Hohe-Meißner-Pisten am Naturfreundehaus (mit Flutlicht!) und Berggasthof. Der Naturpark Meißner-Kaufunger Wald unterhält ein ☎ Schneetelefon 056 02/93 56 17.

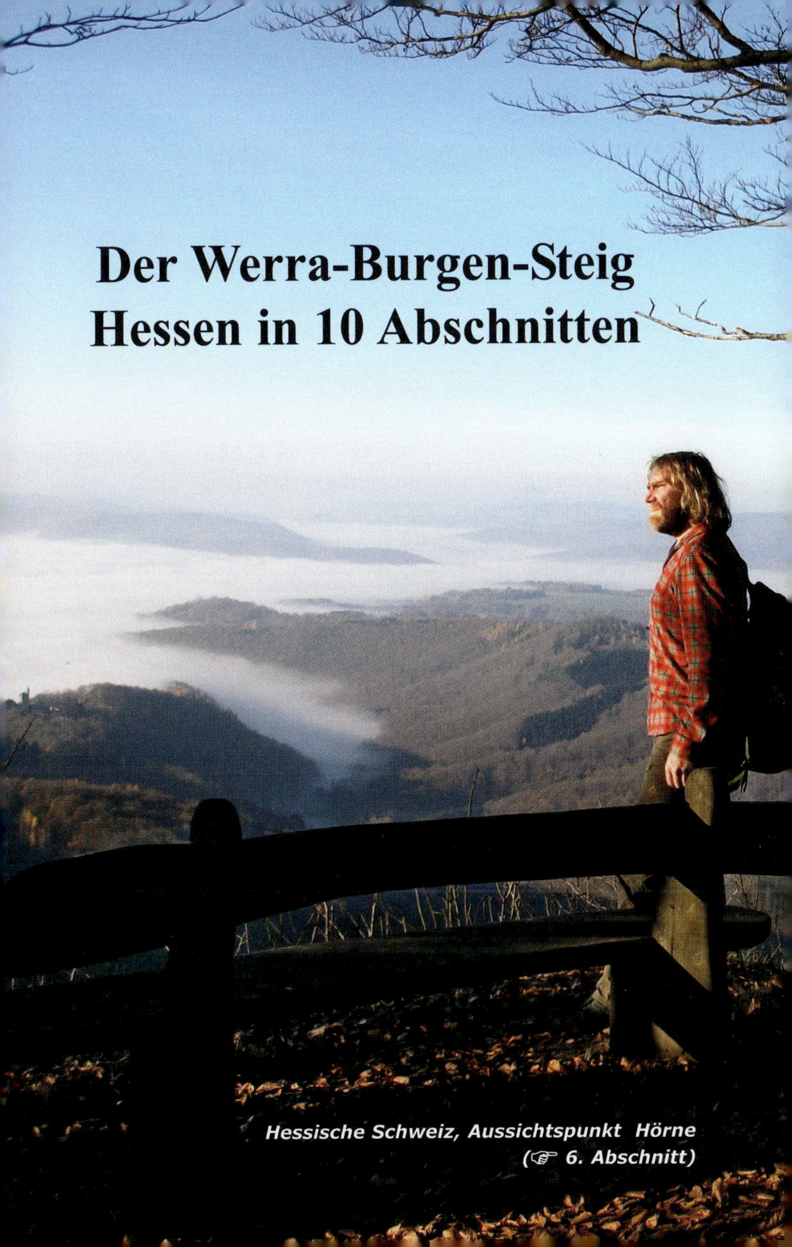

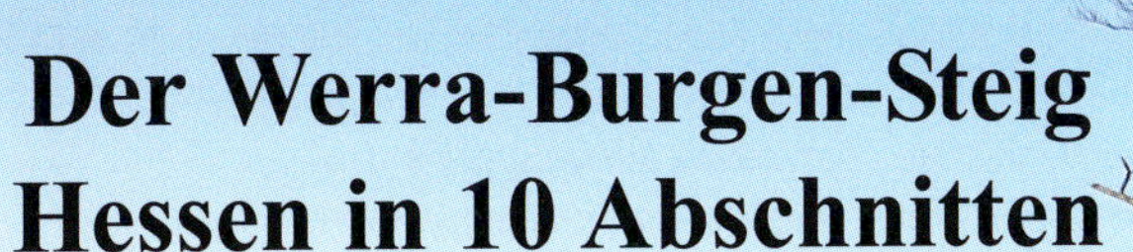

Hessische Schweiz, Aussichtspunkt Hörne
(☞ 6. Abschnitt)

1. Abschnitt: Hann. Münden - Lippoldshausen

ca. 7,5 km, ca. 2 Std., 240 m, 170 m, 118-241 m

0,0 km	128 m	Hann. Münden (Werramündung)
4,3 km	233 m	Schutzhütte Kramberg
5,6 km	146 m	Gasthaus Letzter Heller
6,1 km	162 m	Lippoldsburg
7,5 km	195 m	Lippoldshausen

Hann. Münden

Touristinformation, Lotzestraße 2 (Rathaus), 34346 Hann. Münden, 055 41/753 13 und 753 43, info@hann.muenden-tourismus.de, www.hann.muenden-tourismus.de (mit Online-Buchungssystem), Ende April bis Anfang Oktober Mo, Mi und Do 9:30 bis 17:00, Di und Fr bis 15:00, Sa 10:00 bis 15:00; Oktober bis April Mo bis Do 9:30 bis 16:00, Fr bis 13:00

Hotel Alter Packhof, Bremer Schlagd 10-14, 055 41/988 90, info@packhof.com, www.packhof.com, EZ ab € 84, DZ ab € 129

- **Gästehaus Musmann**, Wilhelmstraße 14, 055 41/95 69 53, info@gaestehausmusmann.de, www.gaestehausmusmann.de, EZ ab € 70, DZ € 100
- **Hotel Schlosschänke**, Vor der Burg 3-5, 055 41/709 40, info@hotel-schlosschaenke.de, www.hotel-schlosschaenke.de, EZ € 63, DZ € 98
- **Hotel garni Alte Windmühle**, Ziegelstraße 66, 055 41/909 33 32, kontakt@alte-windmuehle.de, www.alte-windmuehle.de, EZ € 45, DZ € 75. Zu Gast im ältesten Fachwerkhaus der Stadt aus dem Jahre 1398!
- **Hotel Die Reblaus**, Ziegelstraße 32, 055 41/95 46 10, info@die-reblaus.com, www.die-reblaus.com, EZ € 48, DZ € 68
- **Berghotel Eberburg**, Tillyschanzenweg 14, 055 41/50 88, info@berghotel-eberburg.de, www.berghotel-eberburg.de, EZ ab € 48, DZ ab € 68
- **Hotel garni Im Anker**, Bremer Schlagd 18, 055 41/90 36 92, d.paternostro@web.de, www.hotel-im-anker.de, EZ € 45, DZ € 69

🛏 **Hotel garni Aegidienhof**, Aegidienstraße 7+9, ☏ 055 41/984 60, ✉ fahrrad.hotel@t-online.de, 💻 www.hotel-aegidienhof.de, EZ € 47, DZ € 67

♦ **Pension Antico & Abruzzo**, Lange Straße 10, ☏ 055 41/43 92, ✉ pensionantico@arcor.de, 💻 www.antico-abruzzo.de, EZ € 45, DZ € 65

♦ **Gasthof Querenburg**, Wiershäuser Weg 15, ☏ 055 41/43 80, ✉ querenburg@aol.com, 💻 www.gasthof-zur-querenburg.de, EZ € 42, DZ € 65

♦ **Hotel Alte Rathausschänke**, Ziegelstraße 12, ☏ 055 41/88 66, ✉ info@hotel-rathausschaenke.de, 💻 www.hotel-rathausschaenke.de, EZ € 46, DZ ab € 62

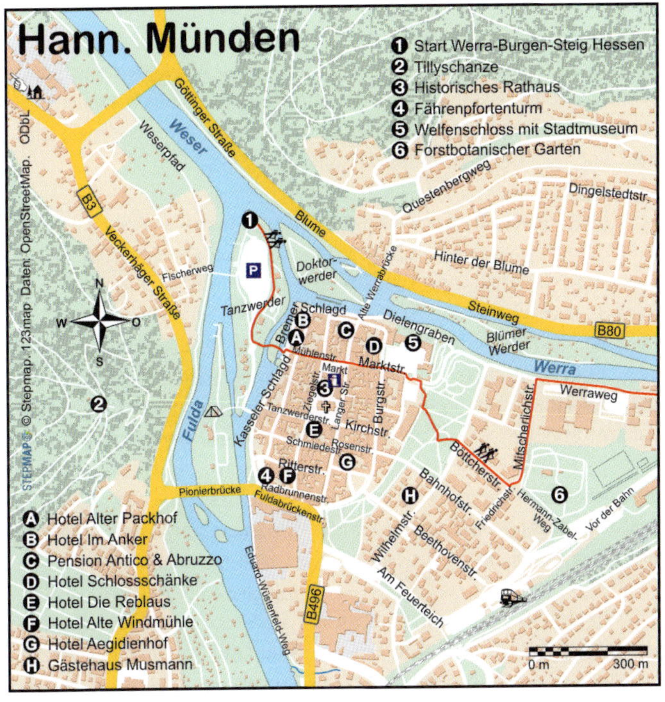

Bremer Handelshaus, Mühlenstraße 10, ☏ 055 41/909 67 07, rolfstemmer@yahoo.de, www.bremer-handelshaus.de, EZ € 45, DZ € 65

♦ **Hotel garni Zur Fulda**, Ziegelstraße 62, ☏ 055 41/954 30, mgronemann69@aol.com, www.hotel-zur-fulda.de, EZ € 35, DZ € 55

Jugendherberge, Prof.-Oelkers-Straße 10, ☏ 055 41/88 53, jh-hann-muenden@jh-hannover.de, www.jugendherberge.de, Übernachtung ab € 22,80. Wer hier übernachten möchte, benötigt einen JH-Ausweis, der direkt vor Ort beantragt werden kann.

Campingplatz Grüne Insel Tanzwerder, Tanzwerder 1, ☏ 055 41/122 57, info@busch-freizeit.de, www.busch-freizeit.de, Zelt ab € 4, Erwachsene € 6,50, Kinder bis 14 Jahre € 3,50, Hund € 2

Hann. Münden wurde 1183 erstmals urkundlich erwähnt. Durch die unmittelbare Lage an drei Flüssen, von denen die Weser den wichtigen Zugang zur Nordsee ermöglichte, war sie einer der wichtigsten Stützpunkte beim Handel und Transport der verschiedensten Waren. Eine besondere Stellung unter den Handelswaren nahm der aus Thüringen angelieferte Färberwaid ein.

ⓘ Der **Färberwaid** ist eine kultivierte Pflanze, deren Ursprung in der aus Indien stammenden Indigopflanze liegt. Im Mittelalter war die Pflanze die einzige Möglichkeit, an blauen Farbstoff zu gelangen, was sie sehr begehrt und wertvoll machte. Vom 12. bis zum 17. Jh. war Thüringen europaweit ein Zentrum des Waidanbaus. Danach verlor die Pflanze zunehmend an Bedeutung, denn durch billigere Importware sowie synthetische Farbstoffe lohnte die arbeitsintensive Farbgewinnung bald nicht mehr. Übrigens: Die Redewendungen „blau sein" und „blau machen" haben mit der Verarbeitung des Waids zu tun. Um den Farbstoff aus der Pflanze zu lösen, waren Alkohol und -männlicher Urin erforderlich! So sprachen die Färber von Dienstes wegen geistigen Getränken zu und waren am Arbeitstag betrunken … denn da wurde (die Farbe) „blau" gemacht.

Mitte des 13. Jh. erhielt die Stadt das Stapelrecht, was ihre Stellung als Handelsplatz festigte und stetig weiter ausbaute. Als „Blutpfingsten" ging der Juni 1626 in die Stadtgeschichte ein, als Truppen des katholischen Feldherren Tilly die Stadt einnahmen und den Großteil der Einwohner ermordeten. Ein Jahr nach Ausbruch des amerikanischen Unabhängigkeitskrieges wurden 1776 annähernd 20.000 deutsche Soldaten, weit über die Hälfte waren Hessen, in Hann. Münden eingeschifft, um an der Seite der britischen Kolonialmacht zu kämpfen. Mit Anbindung an das Eisenbahnnetz 1856 setzte die Industrialisierung ein.

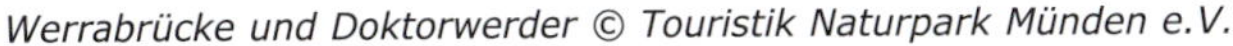
Werrabrücke und Doktorwerder © Touristik Naturpark Münden e.V.

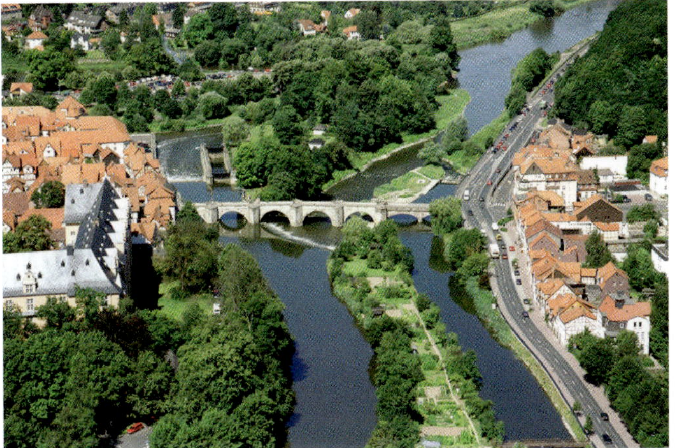

Zur Stadtgeschichte gehört auch der damals wie heute allseits bekannte **Doktor Eisenbarth** (den Titel hat er übrigens nie erworben), ein stets umstrittener, aber dennoch sehr erfolgreicher Wanderarzt, der aus seinen Sprechstunden und Operationen wahre Inszenierungen machte. In Hann. Münden wohnte er im damaligen Gasthof Zum wilden Mann in der Lange Straße 79, wo er auch Patienten empfing. 1727 erlag er hier den Folgen eines Schlaganfalls und wurde in der Aegidienkirche beigesetzt. Sein Grabstein befindet sich heute an der Nordseite der Kirche. In Hann. Münden lebt Doktor Eisenbarth - zumindest im Sommer - bis heute weiter: bei den Doktor-Eisenbarth-Spielen und Erlebnisführungen sowie bei den samstäglichen Sprechstunden. Ganzjährig aber macht er als Glockenspiel im Rathausgiebel auf sich aufmerksam ... dreimal täglich dosiert!

Die Tillyschanze. Über den Dächern von Hann. Münden, bereits auf der gegenüberliegenden Fuldaseite thronend, erhebt sich mit dem Tillyschanzenturm das Wahrzeichen der Stadt.

Der Name dieses herrlichen Ausflugsziels rührt von der Belagerung und Erstürmung der Stadt Hann. Münden im Dreißigjährigen Krieg durch Graf von Tilly her. Die Fertigstellung des Bauwerks erfolgte im Frühjahr 1885. Bemerkenswert ist eine Steinbüste, die sich in einer Nische der Außenmauer befindet und die Nonne Katharina darstellen soll. Die Legende besagt, dass sie sich einst im Reinhardswald verirrte und nur durch das Läuten der St.-Blasius-Kirche in Hann. Münden den Weg zurück ins sichere Kloster fand.

Nur ein paar Meter vom Turm entfernt, somit aber bereits im hessischen Reinhardswald, lädt die Waldgaststätte zu einem Besuch ein.

♦ Turm mit Museum und Gaststätte Ostern bis Oktober Di bis So ab 11:00, November bis Ostern Fr bis So ab 11:00, ☏ 055 41/18 90, tillyschanze@t-online.de, www.tillyschanze.de

Start der Wanderung

Die Wanderung auf dem Werra-Burgen-Steig Hessen beginnt direkt am **Weserstein**, einem Findling an der nördlichen Spitze der **Insel Tanzwerder**, an der die Flüsse Werra und Fulda zusammenfließen. Die beiden Flüsse vereinigen sich hier zur Weser, die nach rund 450 km bei Bremerhaven in die Nordsee mündet. Der 1899 aufgestellte Weserstein trägt die folgende Inschrift:

„Wo Werra sich und Fulda küssen
Sie ihre Namen büssen müssen,
Und hier entsteht durch diesen Kuss
Deutsch bis zum Meer der Weserfluss.
Hann. Münden, d. 31. Juli 1899

Im Jahr 2000, als die EXPO in Hannover stattfand, bekam der alte Stein einen jungen Nachbarn. Auf der dort angebrachten Tafel sind die Gedanken des bulgarischen Künstlers Nedko Solakov verewigt:

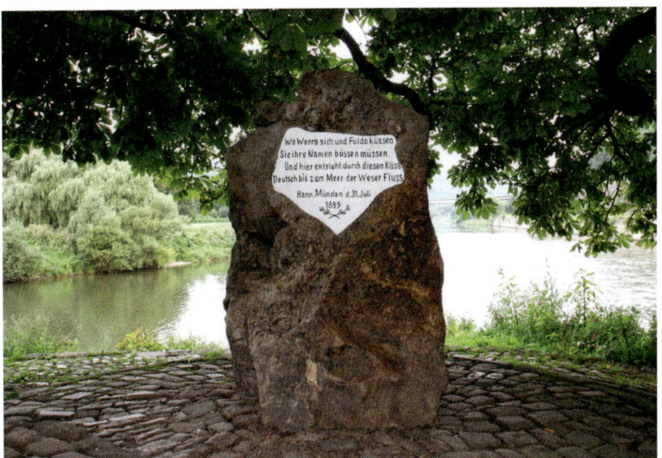

Weserstein © Touristik Naturpark Münden e.V.

Der enttäuschte Fluss

Mein lieber Wanderer, bitte schau doch einmal auf die Fulda (zu Deiner Linken). Wirkt sie nicht irgendwie enttäuscht, sogar unglücklich, wenn man ihr Wasser so müde fließen sieht? Ja, sie ist es auch und ich sage Dir warum.

Es trug sich zu, daß ihre innig geliebten Buchstaben F,U,L,D und A beim Zusammenschluß mit der WERRA vollkommen vernachlässigt wurden. Wie Du siehst, fehlen diese Buchstaben im neuen Namen des Flusses: WESER. Die arme FULDA durfte lediglich stellvertretend im neuen Wort erscheinen, so wählte sie den Buchstaben S. Dieses S ersetzte eines der beiden R's der WERRA.

Warum das S? Die Kurven im S erinnerten die wehmütigen Buchstaben F,U,L und D an die lieblichen Kurven an der Quelle der FULDA. Dort, wo diese Buchstaben noch quirlige Bäche sind. Die empfindsame FULDA fühlte sich vom Schicksal ungerecht behandelt; hatte sie doch all die Jahrhunderte so hart gearbeitet - scheinbar für nichts und wieder nichts. Um wenigstens ihren seelischen Frieden zu bekommen, fing sie damit an, den Händlern behilflich zu sein. Die Händler mußten schreckliche Stapelrechte und hohe Steuern für Waren und Güter zahlen, die sie in die Stadt Hann. Münden brachten. Übrigens wurden diese fürchterlichen Steuern dafür verwendet, elegante Häuser an den Ufern der Konkurrentin WERRA zu bauen. Deshalb entschloß sich die FULDA, einige Waren über ihre Wasser zu schmuggeln - ein kleiner, aber stiller Akt der Vergeltung.

Die beiden A's aus FULDA und WERRA waren ebenfalls sehr unzufrieden mit dem Zusammenschluß. Stell Dir das einmal vor! Der erste Buchstabe im Alphabet wird auf eine so brutale Art und Weise übergangen! Jedoch erhielten die A's eine kleine Entschädigung. Es wurde eine Vereinbarung getroffen und nun erscheinen sie am Anfang im Namen einer schönen deutschen Stadt, irgendwo im Westen ...

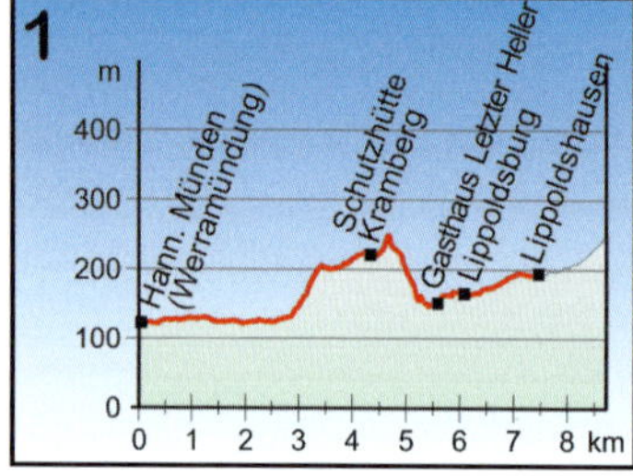

Vorbei an dem großen Parkplatz und einem interkulturellen Garten verlassen Sie den Tanzwerder über eine überdachte Holzbrücke, an deren Ende die Uferstraßen Bremer und Kasseler Schlagd zusammentreffen.

ⓘ Mit „Schlagd" werden die innerörtlichen Uferzonen bezeichnet, die für das Beladen der Kähne und die Löschung der Ladung befestigt wurden. Schlagden begegnet man auch in den Städten entlang der Werra immer wieder.

Links im Bremer Schlagd sehen Sie das Hotel Alter Packhof, nach rechts sind es nur gut 200 m entlang der Kasseler Schlagd zum Fährenpfortenturm.

Fährenpfortenturm. Der jahrhundertealte Fährenpfortenturm inmitten der historischen Altstadt wurde ab der zweiten Hälfte des 19. Jh. bis 1980 dazu genutzt, Bleischrot im Turmgießverfahren herzustellen. Davon zeugen die noch vorhandenen alten Maschinen und Gerätschaften. Vom fast 36 m hohen Turm eröffnet sich ein toller Rundblick.

♦ Mai bis Oktober Sa und So 12:00 bis 17:00, auf Anfrage wird auch zu anderen Zeiten geöffnet, ☏ 055 41/90 87 49

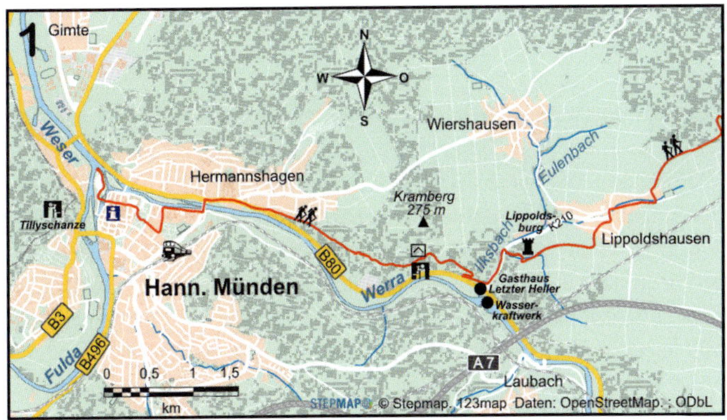

Geradeaus geht es über die Mühlenstraße zum nur wenige Schritte entfernten Marktplatz. Hier schließt sich die Marktstraße an, die Sie schnell zum nahen Schloss bringt.

♜ ⌘ Welfenschloss mit Stadtmuseum. Das im Jahr 1501 fertiggestellte und als Verwaltungssitz dienende Residenzschloss brannte nach nur wenigen Jahrzehnten nieder. Nach dem Wiederaufbau wurden 1849 Teile des Gemäuers erneut durch einen Brand zerstört. Im Schloss ist neben kommunalen Einrichtungen das Stadtmuseum untergebracht.

♦ Mai bis Oktober Mi bis So 11:00 bis 16:00, November bis April Mi bis So 13:00 bis 16:00, ☏ 055 41/752 02 und 753 48, museum@hann.muenden.de, www.museumsverbund.de/museen/hannmuenden.htm

Dem Schloss schließt sich eine kleine Parkanlage an. Halten Sie sich an deren Rand zunächst für ein paar Meter rechts und durchqueren Sie den Park vor dem mittelalterlichen Turm nach links. Dann folgen Sie geradeaus der Böttcherstraße, hier passieren Sie die Verwaltung des Naturparks Münden. Die Route führt nach links um das Gebäude herum in die Mitscherlichstraße. Hier befindet sich zur Rechten der Botanische Garten.

Beim Besuch der 1870 als Königlich Preußische Forstakademie gegründeten Anlage überrascht deren Artenreichtum auf überschaubarer Fläche.

An der T-Kreuzung biegen Sie nach rechts in den Werraweg ein und wandern an dessen Ende über die Werrabrücke.

 Vor der Werrabrücke führt die Straße Vor der Bahn zum nahen Bahnhof.

Nach dem Überqueren des Flusses halten Sie sich rechts und folgen der Hedemündener Straße (B80) für etwa 650 m bis zum Abzweig Bebelstraße. Sobald Sie in die Straße eingebogen sind, verlassen Sie sie auch schon wieder, denn über einen ansteigenden Pfad lassen Sie nun die Dreiflüssestadt Hann. Münden hinter sich. Zunächst wandern Sie auf einer Länge von rund 500 m noch an einem Wohngebiet entlang, biegen dann aber nach rechts ab in das Waldgebiet. Sie gelangen zur schönen Kramberg-Schutzhütte, von der sich ein erster Blick ins Tal mit der tief unter Ihnen fließenden Werra und einem Wasserkraftwerk bietet. Im Hintergrund überspannt die Brücke der Autobahn A7 das Werratal. Der Wegverlauf führt kurze Zeit später bergab und macht in Höhe eines Wohnhauses eine scharfe Rechtskurve, dann wandern Sie auf einem Pfad nach links direkt an einem Wohnhaus vorbei. Unmittelbar danach stehen Sie vor dem Ilksbach und der Kreisstraße K210. Der Werra-Burgen-Steig Hessen setzt sich nach links entlang der Straße fort, wobei der Ilksbach mehrmals über Holzbrücken überquert wird.

Wenn Sie der Kreisstraße einige Meter nach rechts bis zur B80 folgen, gelangen Sie zur Werra und zum **Hotel Schlafschön** mit dem **Gasthaus Letzter Heller**: Hotel Schlafschön, Letzter Heller 5, ☏ 055 41/64 46,
info@hotel-schlaf-schoen.de, www.hotel-schlaf-schoen.de;
info@letzter-heller.de, www.letzter-heller.de, EZ ab € 59, DZ ab € 85

Es braucht sicher nicht viel Fantasie, um zu erahnen, dass sich hinter dem Gasthausnamen „Letzter Heller“ eine Geschichte verbirgt: „Die Märe vom letzten Heller“!

„In vergangenen Raubritterzeiten, als sich längs der Werra der große Handelsweg von Süden, aus Bayern kommend, nach Norden bis Bremen hinaufzog, machte Helmo von der Lippoldsburg im Verein mit seinen Schwägern von der Brackenburg und den Herren von der Spiegelburg manchen Beutezug. Nach den Überfällen auf die Kaufleute schwelgten sie gerne im Wegekrug am Eingang des Ilkstales bei Veit Meier, dem Wirt. Eines solchen Abends verspielte Helmo beim Würfeln einen Batzen nach dem anderen, bis er schließlich den letzten Heller aus dem Beutel zog und diesen zusammen mit seiner Burg auf den letzten Wurf setzte. Das Unglück nahm seinen Lauf und Helmo stürmte unter dem höhnischen Gelächter seiner Kumpanen hinaus. Draußen prallte er auf eine finstere Gestalt, den Teufel, der ihm einen schweren Beutel Geldes einhändigte gegen das Versprechen, keinem Geistlichen auf seiner Burg Aufenthalt oder Obdach zu gewähren. Helmos kluger Gemahlin Lisella, einer frommen Frau, waren Leibeserben lange versagt geblieben, so dass sie eines Tages heimlich einen Bittgang zum Kloster Mariengarten unternommen hatte. Ihre Gebete waren erhört worden und so gebar sie in der gleichen Nacht einen Knaben. Zur Tauffeier hatte sie einen Pater aus Mariengarten kommen lassen und beherbergte ihn in der Burg. Als anderntags Helmo mit Verwandten, Nachbarn und Freunden an der prunkenden Tafel schwelgte, stürmte ein unbekannter Knappe herein und berichtete von einem Zug mit reichen Schätzen Bremer Kaufleute, der sich von Münden talaufwärts ziehe. Die Männer konnten nicht widerstehen und stürmten unter Führung des Knappen hinaus in den düsteren undurchdringlichen Nebel im Tal. Von einem Warenzug war nichts zu hören oder zu sehen und so kehrten die Männer unverrichteter Dinge zurück, allerdings ohne Helmo, der im Wald versprengt worden war. Am andern Tag fand sich lediglich Helmos Roß ein und erst nach langem Suchen fanden die Knechte in einem an der Werra aufwärts gelegenen alten Steinbruch den Ritter Helmo mit umgedrehtem Halse. Der Teufel hatte ihn geholt. In Erinnerung an jene schreckliche Zeit und Begebenheit nannte man später den alten Steinbruch „Mordkammer" und den Wegekrug von Veit Meier den „Letzten Heller".

Quelle: „Sagen des südhannoverschen Berglandes", S. 117-119,
gesammelt von Karl Sittig 1924

Kurz vor den ersten, bereits zu Lippoldshausen gehörenden Häusern queren Sie die Straße und folgen dem leicht ansteigenden Weg hinauf in den Wald. Im weiteren Verlauf verengt sich der Weg zu einem Pfad. Kurz vorm Waldrand steigen Sie ein kurzes Stück nach rechts ab, überqueren auf einer Holzbrücke den Bach und stoßen auf einen asphaltierten Wirtschaftsweg.

↳♜ Bevor Sie zur Brücke absteigen, können Sie nach links einen ca. 100 m kurzen Abstecher zur ehemaligen **Lippoldsburg** machen. Von dem eigentlichen Gemäuer ist heute allerdings nichts mehr zu sehen. Ein Hinweisschild klärt auf:

„Da, wo der Ilksbach aus südwestlicher Richtung in die südliche umbiegt, mündet von Osten eine tiefe Schlucht in sein Tal. Diese begrenzt eine schmale Anhöhe, auf der im Walde Überreste einer alten Burg noch deutlich zu sehen sind. Der Grundriss der Lippoldsburg zeigt ein Dreieck mit stark abgerundeten Ecken; die Erbauer haben sie geschickt der Gestalt der Anhöhe angepasst.

Östlich, im Vorgelände, dem sogenannten Burggarten, befindet sich ein künstlich angelegter Graben, der wahrscheinlich als Hindernis zum Schutz der Burg diente. Ein Fußweg führt an ein paar Quadersteinen vorbei, die vor hundert Jahren schon einmal freigelegt und als Fundament des vermutlich einzigen Tores identifiziert worden waren. Es hat die Form eines Zangentores.

Die beiden Wangen der Wehrmauer biegen nach innen und bilden eine enge Gasse von gerade mal gut 3 m Breite; das wiederum erlaubt die Annahme, dass es lediglich ein einflügeliges Tor gegeben hat. Leider gibt keine einzige Urkunde Auskunft über die Burg, aber bei Ausgrabungen im Frühjahr 1998 wurden Tonscherben gefunden, die auf das 10. Jh. hinweisen. Da eine Einordnung nicht möglich und die historischen Zusammenhänge der Burg nicht bekannt sind, ist sie nur aus der damaligen Gesamtsituation erklärbar.

Zu Zeiten König Heinrich I. („des Voglers"; 919 - 936) litt das Deutsche Reich unter den Einfällen und Überfällen marodierender ungarischer Horden, weshalb der Sachsenkönig auf dem im Jahr 926 in Worms abgehaltenen Reichstag die Anordnung traf, Fluchtburgen zum Schutz für die ländliche Bevölkerung zu bauen. Die Lippoldsburg ist wahrscheinlich auf diese Anordnung hin gebaut worden. König Heinrich I. besiegte schließlich im Jahre 933 die Ungarn in der Schlacht an der Unstrut und sein Sohn Otto I. vertrieb sie endgültig 955 nach dem Sieg in der Schlacht auf dem Lechfelde. Danach wurden die Fluchtburgen nicht mehr gebraucht, und so verfielen sie oder wurden als Steinbruch benutzt, wofür die Lippoldsburg auch ein Beispiel ist."

Biegen Sie auf den Asphaltweg nach links ab. An Wiesen und Feldern vorbei erreichen Sie eine Kreuzung mit einer Feldscheune. Der Werra-Burgen-Steig Hessen zweigt hier nach links in das Dorf **Lippoldshausen** ab. Über den Lippoldsburgweg gelangen Sie zur Ilksbachstraße (K210). Zur Linken befindet sich das Landgasthaus Zum Krug, auf der rechten Seite das Gasthaus Zur Brücke.

Landgasthaus Zur Brücke, An der Brückenecke 2, ☏ 055 41/63 75, info@zurbruecke.com, www.zurbruecke.com, EZ ab € 25,50, DZ ab € 47

♦ **Landgasthaus Zum Krug**, Ilksbachstraße 46, ☏ 055 41/57 68, zum-krug@t-online.de, www.landgasthauszumkrug.de, EZ ab € 25, DZ ab € 44

ÖPNV nach Hann. Münden

Von Mo bis Fr bestehen den ganzen Tag über stündl. Busverbindungen mit der Linie 101 ab Haltestelle Raiffeisenstraße zum Bahnhof Hann. Münden (Fahrzeit 20 Min.). Sa gibt es drei Verbindungen bis mittags, So gibt es keine Verbindungen. Taxiunternehmen in Hann. Münden: z.B. City-Reinhardt, ☏ 055 41/99 98 49

2. Abschnitt: Lippoldshausen - Schloss Berlepsch

ca. 12,7 km, ca. 3 Std. 30 Min., ↑ 482 m, ↓ 352 m, ⇧ 186-417 m

0,0 km	⇧ 195 m	Lippoldshausen
6,8 km	⇧ 334 m	Atzenhausen
11,5 km	⇧ 222 m	Gut Hübenthal ⌘
12,7 km	⇧ 306 m	Schloss Berlepsch ⌘

Am Gasthaus Zur Brücke gehen Sie geradeaus in die Straße An der Brückenecke und folgen dem Straßenverlauf an der nahen Kreuzung nach rechts in die Raiffeisenstraße. Am Ortsende wandern Sie nach links in die Straße Eichsgraben und an der folgenden T-Kreuzung wieder nach rechts, hier verlassen Sie über den Brackenbergweg das Dorf Lippoldshausen. Der sanft ansteigende Schotterweg führt zunächst an Wiesen und Feldern vorbei, bevor es weiter leicht ansteigend in einen lichten Buchenwald geht. Fast auf der Höhe angekommen, wird eine Stromkabeltrasse gekreuzt und nach etwa

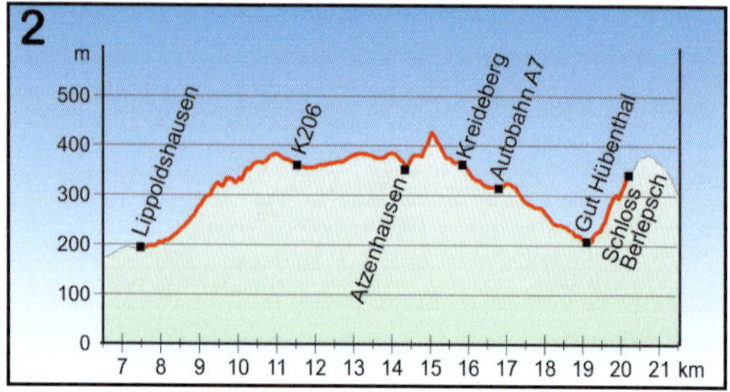

150 m eine Wegkreuzung erreicht. Hier müssen Sie Obacht geben: Biegen Sie nach rechts auf den breiten Waldweg ab. Von diesem zweigt gleich darauf ein weiterer abermals nach rechts ab - diesen Weg ignorieren Sie aber, gehen stattdessen ca. 30 m geradeaus und schwenken dann nach links auf einen schmalen, unbefestigten Weg. Nach rund 300 m biegen Sie wieder links ab. Eine schnurgerade Passage sind die folgenden 2,6 km, lediglich unterbrochen vom Überqueren der Kreisstraße K206 und einer leichten Rechtskurve (nach etwa 1,8 km). An der nächsten Weggabelung folgen Sie nicht dem bergab führenden Weg, sondern halten sich auf dem Weg rechts davon. Nach etwa 10 Min. haben Sie den Waldrand oberhalb des Dorfes **Atzenhausen** erreicht und wandern jetzt nach rechts auf dem ansteigenden Feldweg weiter. Bei passender Sicht können Sie gut auf einen Teil der Universitätsstadt Göttingen blicken.

An der nächsten Kreuzung - hier steht ein auffälliger Hochsitz - gehen Sie rechts hinauf, um nach wenigen Metern auf einen nur schwer auszumachenden Waldpfad zu wechseln. Wenig später trifft dieser auf einen nicht sehr gut zu gehenden Weg, auf den Sie nach links schwenken und längs des **Naturschutzgebietes Kreideberg** und damit entlang der niedersächsisch-hessischen Grenze bis zu einer auffälligen Straßenkreuzung wandern. Gehen Sie geradeaus über diese hinweg und für ein kurzes Stück weiter auf der Straße, die Sie nach ein paar Schritten über die Autobahn A7 bringt. Dann biegen Sie in Höhe einer Feldscheune nach rechts auf den Waldweg ab und gehen nach ca. 20 m rechts den Weg hinunter. Nach etwa 150 m befinden Sie sich in Hessen. Mit einem herrlichen Blick über die umliegenden Wiesen und Felder

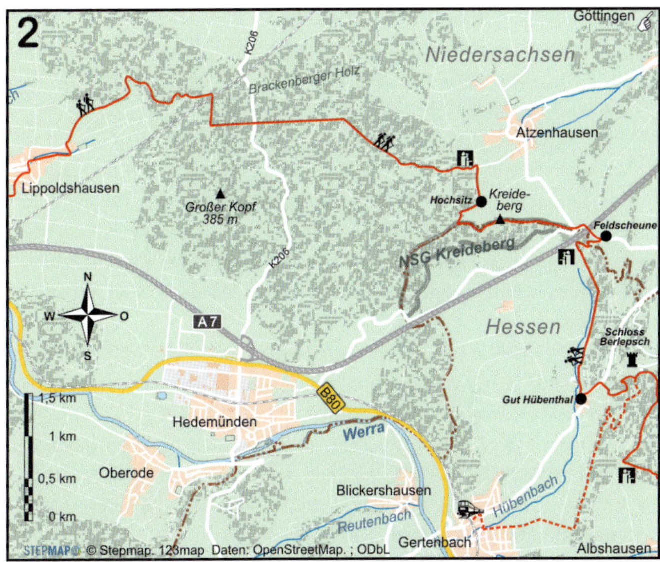

sowie auf die angrenzenden Höhenzüge wandern Sie allmählich hinab ins Hübenbachtal. Sobald Sie auf Höhe des Hübenbaches sind, halten Sie sich auf dem Feldweg links und gelangen zum **Gut Hübenthal**.

Café und Hofgarten Gut Hübenthal, Fr bis So 13:00 bis 19:00, ☎ 055 42/99 91 14, info@cafe-hofgarten.de, www.cafe-hofgarten.de. Dem Hofgarten sind ein Kunstatelier, eine Galerie sowie ein kleines Museum angegliedert.

In Gut Hübenthal besteht die Möglichkeit, die Etappe zu beenden und zum Übernachten ins ca. 1,8 km entfernte **Gertenbach** zu fahren (Hol- und Bringdienst).

Gästehaus Wolf, Alte Brückenstraße 14, 37218 Witzenhausen-Gertenbach, ☎ 055 42/54 46, info@gaestehaus-wolf-gertenbach.de, www.gaestehaus-wolf-gertenbach.de, EZ ab € 35, DZ € 60. Hotel garni - auf Wunsch Abendessen möglich. Inhaber bieten einen Hol- und Bringdienst an.

Den Bahnhof in Gertenbach erreichen Sie auch über einen markierten Weg direkt von Schloss Berlepsch. Bedenken Sie dabei aber, dass Sie zur Etappenlänge dann noch etwa 4 km addieren müssen. Auf gleichem Weg geht es auch wieder zurück.

Vor dem ehemaligen Gutshof geht es ein kurzes Stück über die Landstraße, bis Sie auf der rechten Seite auf die Einmündung eines Weges treffen. Eine breite Waldschneise gibt bereits den Blick auf das imposante Gemäuer von Schloss Berlepsch frei. Ein paar Meter weiter weist ein Schild darauf hin, dass es über den zunächst noch geschotterten Waldweg 800 m bis zum Schloss sind.

Sie können hier aber auch die nach links abzweigende, 200 m kürzere, dafür aber steilere Variante wählen. Hierzu müssen Sie nach knapp 100 m von dem Schotterweg nach links auf den unbefestigten Weg wechseln. Vorbei an einem eingezäunten Wasserbassin windet sich der Pfad durch den Laubwald in die Höhe und trifft am Ende der Steigung auf einen Weg, dem Sie nach links bis zu einem Parkplatz folgen. Von hier aus haben Sie das Schloss nach wenigen Schritten erreicht.

Schloss Berlepsch. Die unruhevolle Geschichte des mitteldeutschen Raumes hat es nicht vielen Familien vergönnt, sich ihren angestammten Sitz über die Jahrhunderte zu erhalten. Das Geschlecht derer von Berlepsch lebt seit über 650 Jahren auf dem gleichnamigen Burgberg, und seit 550 Jahren übergibt der Vater seinem Sohn den Besitz. Das äußere Burgtor zeigt die beiden Wappen der Herren von Berlepsch. Das wegen drei übereinanderstehender Winkel so genannte Sparrenwappen führte die ältere Linie derer von Berlepsch, die am Ende des 14. Jh. ausgestorben ist. Das andere Wappen mit den fünf Sittichen im Schild gehört seit dem 13. Jh. den Nachfahren der Sittichlinie, u.a. dem Neubegründer der Burg im 15. Jh., Sittich von Berlepsch, und mit ihm auch seinem unmittelbaren Nachfahren, dem jetzigen Hausherrn Sittich Graf von Berlepsch.

Die Burg Berlepsch liegt auf einem nach drei Seiten zum Werratal hin abfallenden Bergkegel, der durch einen schmalen Sattel im Nordosten mit einer Hochebene verbunden ist. Die verschiedenen Wege zum Schloss vereinigen sich am Anfang einer Allee hochgewachsener Linden. An dieser Weggabel steht unter einer alten Linde ein Steintisch, der die alte Stätte des berlepschen Gerichtes ist. Von hier führt der einzige Zugang zum äußeren Burgtor.

1801 besuchte Johann Wolfgang von Goethe das Schloss. Und erinnern Sie sich an die Edgar-Wallace-Filme der 1950er- und 60er-Jahre? Das Gemäuer diente des Öfteren als geniale Kulisse für diese Filme - in denen der damalige Schlossherr und Schauspieler Thilo von Berlepsch selbst mitspielte. Auch der bekannte Heinz-Erhardt-Streifen „Witwer mit 5 Töchtern“ wurde hier gedreht.

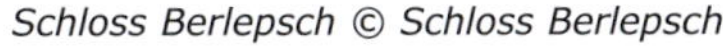

Schloss Berlepsch © Schloss Berlepsch

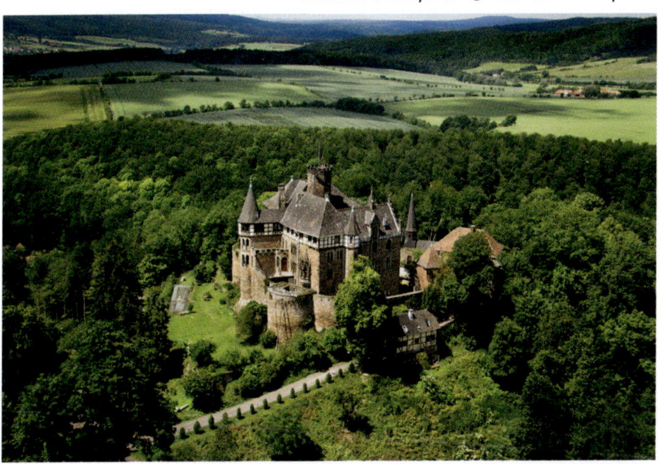

Übrigens: Das Schloss, inzwischen im Besitz der 19. Generation, wurde 2012 von den Zuschauern des HR-Fernsehens aus 40 hessischen Schlössern zum schönsten gewählt! Dass sich hier das „Tor zum Mittelalter“ befindet, zeigen auch die zahlreichen verschiedenen Festivitäten und Veranstaltungen, wie z.B. Schlossmarkt, Spanferkel-Gelage, thematische Schlossführungen und magische Abende im Stil der 1920er-Jahre. Für echte ritterliche Erlebnisse sorgt Ritter Isenbard gerne höchstpersönlich.

💻 www.ritter-isenbard.eu

⌘ Im Schlossmuseum lassen sich Kleinodien und handwerkliche Besonderheiten aus allen Lebensbereichen bestaunen. Diese über viele Jahrhunderte zusammengetragenen und bei Ausgrabungen im Schlosskeller und -berg entdeckten Exponate ermöglichen eine Zeitreise durch den vergangenen Alltag der Schlossbewohner.

April bis Ende Oktober Sa 14:00 bis 17:00 und So 12:00 bis 17:00

Schloss Berlepsch, Berlepsch 1, 37218 Witzenhausen, ☏ 055 42/50 70 10, info@schlossberlepsch.de, www.schlossberlepsch.de, EZ € 100, DZ € 150. Die Übernachtungsmöglichkeiten werden behutsam und authentisch erweitert. Somit werden sich nach und nach spannende und garantiert außergewöhnliche Schlafgelegenheiten für jeden Anspruch ergeben! Also immer mal wieder einen Blick auf die Internetseiten werfen ... Der Gastronomiebereich (Mi bis So 11:00 bis 21:00) wurde als „Qualitätsbetrieb Wanderbares Deutschland Gastronomie" zertifiziert. Das eigene Zelt darf aufgebaut werden.

☺ Nur wenige Schritte vom Schloss entfernt befindet sich Robins Nest. Unvergleichliche Übernachtungsmöglichkeiten finden sich hier in Baumhäusern und historisch eingerichteten Zelten.

♦ Baumhaushotel Robins Nest, ☏ 01 63/442 25 63, www.robins-nest.de

3. Abschnitt: Schloss Berlepsch - Witzenhausen

ca. 8,3 km, ca. 2 Std. 30 Min., ↑ 246 m, ↓ 453 m, ⇧ 131-381 m

0,0 km	⇧ 306 m	Schloss Berlepsch
2,6 km	⇧ 219 m	Albshausen
7,2 km	⇧ 182 m	Bischhausen (Bahnhof Witzenhausen Nord)
8,3 km	⇧ 143 m	Witzenhausen (Marktplatz)

Von Schloss Berlepsch kommend wandern Sie gegenüber der Parkplatzeinfahrt geradeaus in den Wald. Nach rund 250 m halten Sie sich rechts auf einen unbefestigten Waldweg, der nach ca. 200 m auf einen breiten Forstweg trifft, hier aber sogleich wieder nach rechts abknickt und bis zum

Waldrand oberhalb von Albshausen führt. Nun wandern Sie nach links, biegen kurz darauf unmittelbar vor dem Anstieg aber erneut nach rechts auf den Pfad ab. Das Pfadstück ist sehr kurz und nur ein Zubringer zu einem Weg, auf den Sie nach rechts abbiegen. Auf diesem abschüssigen Weg verlassen Sie das Waldgebiet und wandern mit einem herrlichen Blick auf Albshausen und die sich dahinter erhebenden

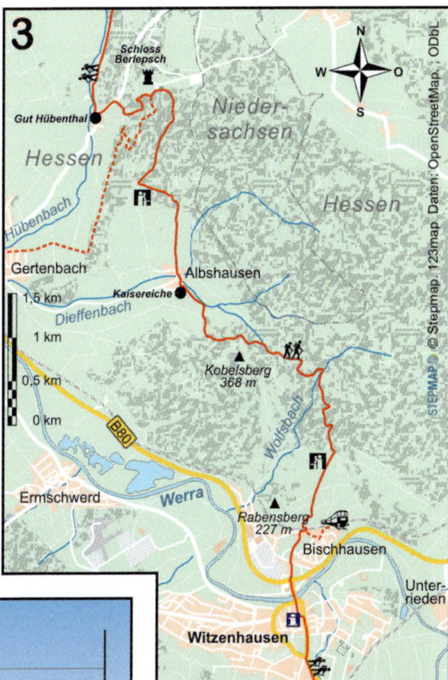

Gebirgszüge - hinter denen bereits Witzenhausen liegt - den Feldweg gerade hinunter. Am Dorfrand von **Albshausen** halten Sie sich links und gehen dann abermals links an der Kirche vorbei geradewegs über ein landwirtschaftliches Anwesen. Nachdem das Gelände des Gehöftes überquert ist, treffen Sie auf eine T-Kreuzung. Der Werra-Burgen-Steig Hessen zweigt hier nach links ins Dieffenbachtal ab.

↳ Wenn Sie nach rechts abbiegen, gelangen Sie nach etwa 50 m zum Naturdenkmal **Kaisereiche**, einer ca. 230 Jahre alten Eiche.

Dem Dieffenbach folgen Sie auf einer Länge von gut 350 m und steigen dann den nach rechts abzweigenden Wiesenweg hinauf. Wenige Schritte später weisen die Markierungen halb links in den Wald, wo Sie dem Wegverlauf nach links bis zur nahen T-Kreuzung folgen. Biegen Sie hier nach links ab. Durch prächtigen Buchenwald wandern Sie bis zu einer Lichtung, an der Sie in der scharfen Linkskurve den Weg verlassen und rechts hinaufgehen. An der kommenden Kreuzung halten Sie sich links auf dem breiten, weiterhin ansteigenden Weg und gelangen nach etwa 350 m an eine weitere Kreuzung, an der Sie sich rechts halten. In einer lang gezogenen Rechtskurve wird der Wolfsbach überquert. Beständig leicht absteigend geht es dem Waldrand entgegen.

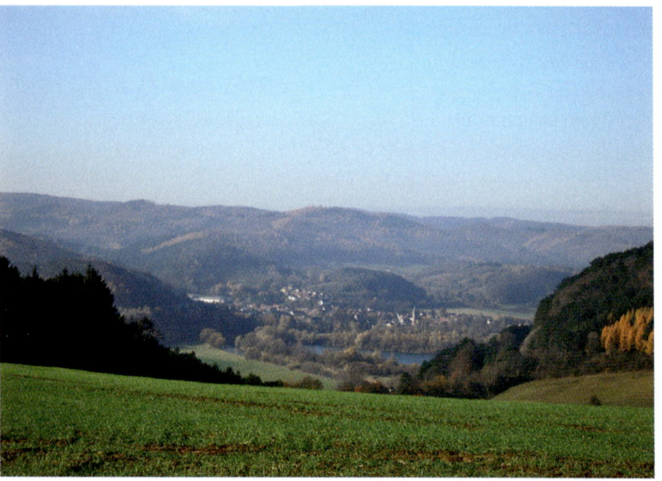

Kurz vor Witzenhausen, Blick auf Ermschwerd

Unmittelbar davor müssen Sie vom Weg nochmals nach rechts abbiegen, um über einen nur wenige Meter langen Pfad auf einen Wiesenweg zu gelangen, der Sie entlang von Feldern und Kirschplantagen mit tollem Blick auf Witzenhausen, den Ortsteil Ermschwerd sowie die Werra talabwärts bringt. Am Ende der Kirschplantage wechseln Sie nach rechts auf den Asphaltweg, unterqueren die Bahngleise und biegen direkt danach nach rechts in den

Berlepschweg ein. Sie befinden sich jetzt im Witzenhausener Ortsteil **Bischhausen**, der von der Kernstadt nur durch die Werra getrennt ist.

Der Bahnhof Witzenhausen Nord liegt nur etwa 300 m entfernt. Gehen Sie die Sudetenstraße geradeaus, dann zweigt links ein Weg ab, über den Sie die Nordbahnhofstraße erreichen.

Am Berlepschweg und einem angrenzenden Fußweg entlang setzt sich die Wanderung geradeaus bis zur Mündener Straße (Bundesstraße B80) fort. Nach dem Fußgängerüberweg halten Sie sich links und folgen der Straße An der Bohlenbrücke über die Werra. Gleich im Anschluss bringt Sie eine Straßenunterführung in die Fußgängerzone und zum Marktplatz mit dem historischen Rathaus.

Witzenhausen

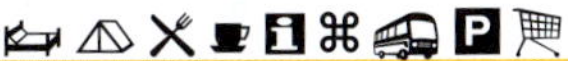

Touristinformation, Ermschwerder Straße 2, 37213 Witzenhausen, 055 42/600 10, info@kirschenland.de, www.kirschenland.de, Mo 10:00 bis 16:00, Di bis Fr 9:00 bis 17:00

Seminarhotel Deula, Am Sande 20, 055 42/60 03 11, info@deula-witzenhausen.de, www.deula-witzenhausen.de, EZ ab € 49, DZ € 78

- **Hotel Stadt Witzenhausen**, Am Sande 8, 055 42/934 50, info@hotel-stadt-witzenhausen.com, www.hotel-stadt-witzenhausen.com, EZ € 50, DZ € 70
- **Pension Fischer**, Kniegasse 18, 055 42/93 60 50, info@fewo-fischer.com, www.fewo-fischer.com, EZ € 40, DZ € 57
- **Burghotel Witzenhausen**, Oberburgstraße 10, 055 42/25 06, mail@burghotel-witzenhausen.de, www.burghotel-witzenhausen.de, EZ ab € 28, DZ ab € 39
- **Pension Velologis**, Kniegasse 30, 055 42/507 22 31, info@velologis.com, www.velologis.com, EZ € 25, DZ € 43, Frühstück € 7,50/Pers.

Campingplatz Werratal, Am Sande 11, 055 42/14 65, info@campingplatz-werratal.de, www.campingplatz-werratal.de, Zelt ab € 5,30, Erwachsene € 4,90, Kinder € 3,80, Hund € 2,30

ÖPNV nach Hann. Münden, Bad Sooden-Allendorf und Eschwege

Ab Bahnhof Witzenhausen Nord werden täglich mehr als 20 Verbindungen mit Ziel Bahnhof Hann. Münden angeboten. Die Fahrzeit beträgt rund 15 Min. Darüber hinaus bestehen auch sehr gute Verbindungen nach Bad Sooden-Allendorf und Eschwege.

Rathaus © Pro Witzenhausen GmbH

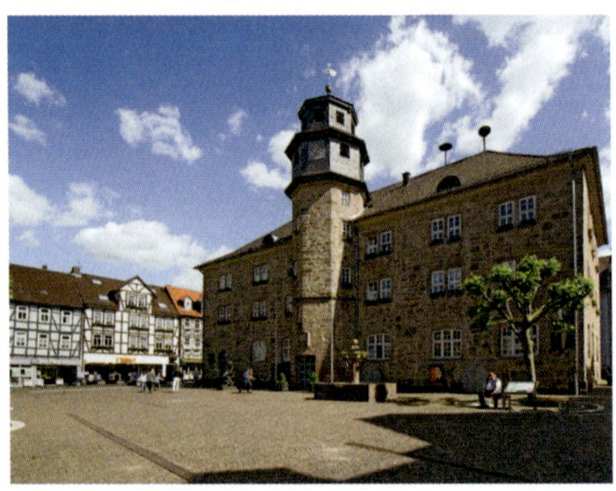

„Wizenhusen" fand im Jahre 1247 erstmals als Stadt Erwähnung. In der zweiten Hälfte des 13. Jh. wurde ein Zisterzienserinnenkonvent gegründet, das allerdings nur 16 Jahre bestand. Übernommen wurde das Kloster vom Mönchsorden der Wilhelmiten. Im Mittelalter erlangte Witzenhausen durch die Ansiedlung von Tuchwebereien und Handel Wohlstand, in dessen Folge prächtige Fachwerkhäuser errichtet wurden. Der Dreißigjährige Krieg sorgte wie in allen anderen Städten auch in Witzenhausen für den wirtschaftlichen Niedergang. Aufgrund der Anbindung an das Eisenbahnnetz siedelten sich mit Beginn der Industrielisierung Papierfabriken und Tabakmanufakturen an. 1898 wurde im ehemaligen Kloster die Deutsche Kolonialschule gegründet, heute Sitz des Fachbereiches Ökologische Agrarwirtschaft der Universität Kassel mit der weltweit ersten Professur für Ökologischen Landbau.

⌘ **Völkerkundliches Museum.** Zu sehen sind um die 2.000 Exponate, die durch das Wirken der einstigen Deutschen Kolonialschule und der Universität Kassel aus vielen Teilen der Welt zusammengetragen wurden.

♦ April bis Oktober Mi und So 15:00 bis 17:00, Steinstraße 19 (führt direkt vom Markplatz ab), ☏ 055 42/607 21, museum@ditsl.de, www.ditsl.org/de/sammlung.html

❀ **Gewächshaus für tropische Nutzpflanzen.** Die Pflanzensammlung besteht aus tropischen und subtropischen Nutzpflanzen sowie aus verschiedenen Zierpflanzen.

♦ Mi, Fr bis So und Feiertage 14:00 bis 16:00, Steinstr. 19, ☏ 055 42/98 12 31, tropengewaechshaus@uni-kassel.de, www.agrar.uni-kassel.de/ink/tgh. Samstags wird um 14:00 eine einstündige öffentliche Führung angeboten.

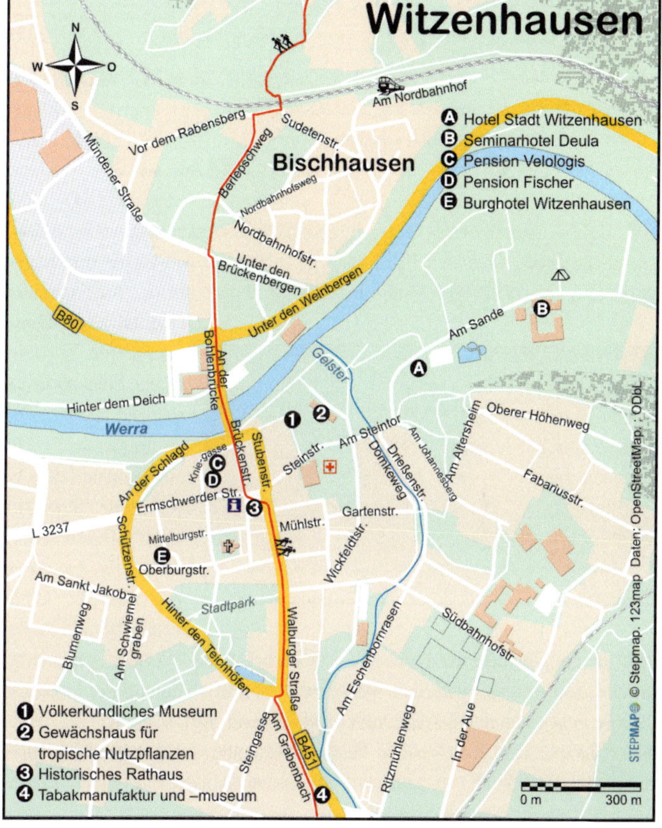

⌘ **Tabakmanufaktur und -museum.** Die einzige noch existierende Kautabakfabrik Deutschlands.

♦ Do und Fr 10:00 bis 12:00, Walburger Straße 48, ☏ 055 42/91 16 17, service@kruse-kautabak.de, www.krusekautabak.de. Führungen sind jederzeit nach Absprache möglich.

4. Abschnitt: Witzenhausen - Burg Ludwigstein

ca. 9,5 km, ca. 3 Std., ↑ 454 m, ↓ 364 m, ⇧ 142-324 m

0,0 km	⇧ 143 m	Witzenhausen (Marktplatz) ⌘
3,9 km	⇧ 269 m	Aussicht Wendershausen
7,2 km	⇧ 160 m	Rastplatz Öhrchen
9,5 km	⇧ 225 m	Burg Ludwigstein

Der 4. Abschnitt des Werra-Burgen-Steiges Hessen beginnt am Marktplatz. Sie gehen über den Platz hinweg, halten Sie sich rechts und folgen geradeaus der Walburger Straße bis zum Stadtpark mit der angrenzenden Hauptstraße. Diese überqueren Sie und biegen links ab in die schmale Straße Am Grabenbach. Die Straße, eine Sackgasse, geht in einen unbefestigten Weg über, der Sie dann zur Kasseler Landstraße bringt. Weiter geht es am Gelände der Firma Reimers vorbei, dann links und kurz darauf wieder nach rechts unter den Bahngleisen hindurch. Unmittelbar nach der Brücke geht es an der T-Kreuzung erneut für rund 100 m nach rechts, bevor Sie dann auf den ansteigenden Feldweg wechseln. Nach einer Linkskurve steigt der Weg kräftig an und wird an der nahen Kreuzung - die Sitzbank kommt zum Verschnaufen gerade recht - nach rechts verlassen. Und wieder

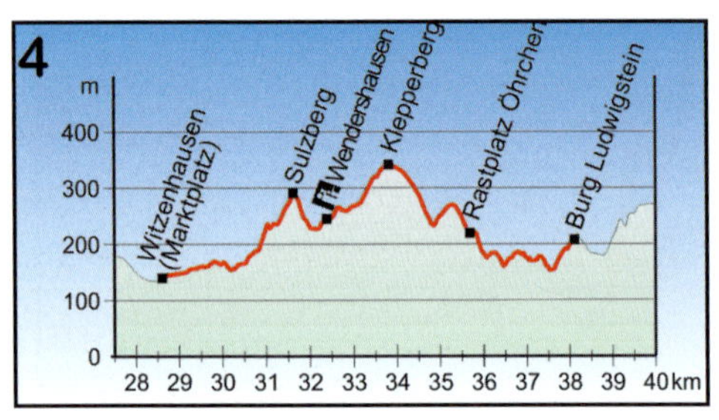

lässt die nächste Kreuzung nicht lange auf sich warten. Hier führen zwei Wege rechts ab, Sie nehmen den bergab führenden. An einer T-Kreuzung mit Hochsitz wenden Sie sich nach links. Der Weg macht eine weite S-Kurve und steigt dann bis zu einer eingezäunten Obstanbaufläche an. Nach rechts weist ein Schild zur 6 km entfernten Burg Ludwigstein.

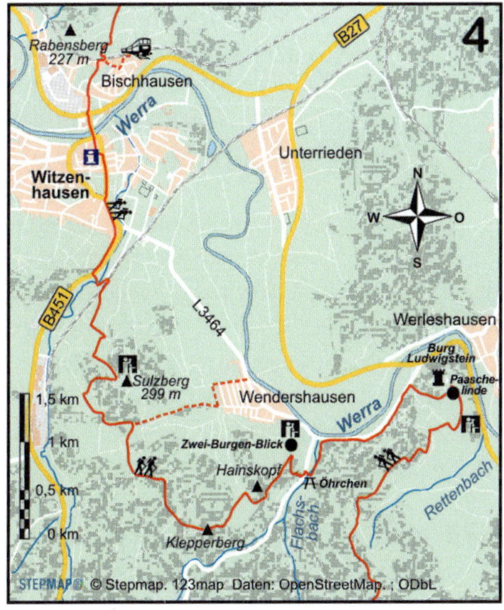

Zuvor sollten Sie aber halb links einen etwa 150 m kurzen Abstecher zu einem lohnenden Aussichtspunkt machen. Über Kirschbäume hinweg fällt der Blick hinunter auf das direkt an der Werra liegende Dorf Wendershausen. Mit der Burg Ludwigstein rückt das Ziel der heutigen Etappe bereits ins Blickfeld und jenseits der Werra thront hoch oben auf thüringischem Boden mit ihrer unverkennbaren Silhouette die Burgruine Hanstein. Die thüringische Variante

Unter einem Holzkreuz ist folgendes Gedicht zu lesen:

„Wenn Dich die Alltagssorge plagt und
Kummer dir am Herzen nagt
dann geh hinaus in die Natur,
durchstreife Wald und Feld und Flur.
Erfreue dich an kleinen Dingen,
an Wiesenblumen, Schmetterlingen,
am Sonnenschein, der dich beschwingt,

am Lied, das dir die Lerche singt.
Erkenn, was die Natur dir schenkt,
durch den, der alle Dinge lenkt
und sieh an jeder Jahreszeit das Schöne,
das dein Herz erfreut."

Dem Wegweiser zur Burg Ludwigstein folgend führt Sie der Weg zum Waldrand, wo Sie sich erst nach links und sofort wieder nach halb rechts wenden. Der unbefestigte Weg bringt Sie bergan durch herrlichen Buchenwald - ein wirklich schöner Abschnitt. Auf einem Feldweg steigen Sie bis zu einer Linkskurve ab, passieren erneut ein eingezäuntes Gelände mit Obstbäumen und biegen am Waldrand nach rechts ab. Circa 130 m darauf schwenken Sie nach links und gelangen nach der Erhebung Hainskopf an einen Abzweig nach rechts.

Nach links sind es wieder rund 150 m bis zum **Aussichtspunkt „Zwei-Burgen-Blick"**. Hier bietet sich Ihnen noch einmal ein prima Panorama mit Burg Ludwigstein und der Burgruine Hanstein.

Zweiburgenblick

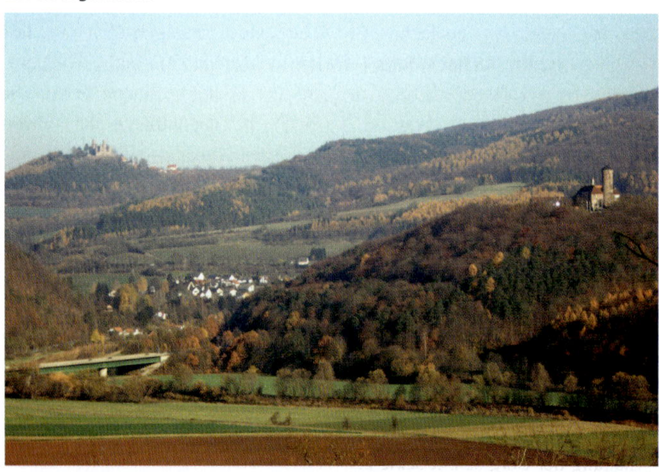

Kurz darauf setzt sich die Wanderung auf einem nach links kräftig bergab verlaufenden Pfad zur Kreisstraße mit dem angrenzenden **Spiel- und Grillplatz Öhrchen** fort.

An dem Rastplatz geht es über den Flachsbach nach links in den Wald. Auf dem ebenen Weg wandern Sie oberhalb des Flachsbaches bis zur parallel zur Werra verlaufenden Landstraße. Nur ein paar Schritte davor zweigt ein schmaler Pfad nach rechts ab. Nach ständig leichtem Auf und Ab entlang einer Abbruchkante spazieren Sie über einen Parkplatz, an dessen Ende Sie rechts abbiegen und über eine reizvolle Wacholder-Heide-Fläche hinauf zur Burg Ludwigstein steigen. An der Zufahrtstraße und der sogenannten **Paaschelinde** angekommen, sind es zur Burg nur noch ein paar Schritte.

♜ **Burg Ludwigstein.** Namensgeber der Burg war der hessische Landgraf Ludwig I. (1402-1458), genannt Ludwig der Friedfertige. Mit der Errichtung von Burg Ludwigstein wurde im Jahre 1415 begonnen. Sie sollte als „Gegengewicht" zu Burg Hanstein fungieren, die auf der gegenüberliegenden Werraseite thronte. Im Gegensatz zum protestantischen Hessen gehörte diese nämlich mit dem gesamten Eichsfeld zum katholischen Erzbistum Mainz. Im Dreißigjährigen Krieg wurde Burg Hanstein durch schwedische Truppen zerstört und nicht mehr aufgebaut. Burg Ludwigstein hingegen überstand den Krieg unversehrt. Nachdem Burg Ludwigstein 1664 als Amtssitz aufgegeben wurde, zog eine Domänenverwaltung ein, was alsbald umfangeiche bauliche Veränderungen nach sich zog. Bis in das 19. Jh. hinein diente der Ludwigstein vorwiegend als landwirtschaftlicher Gutshof. Ein erneuter Nutzungsversuch als Brauerei scheiterte 1835, und so setzte allmählich der Verfall ein.

Ende des 19. Jh. entstand in Berlin die Wandervogel-Bewegung. Auf ihrer Suche nach einsam gelegenen, geschichtsträchtigen Ruinen entdeckten sie sehr bald auch die des Ludwigsteins, die sie zur Jugendburg aufbauten. Sie wurde Begegnungsstätte und geistiges Zentrum der Jugendbewegung. Nachdem die „Vereinigung Jugendburg Ludwigstein" während der NS-Diktatur verboten worden war, wurde sie mit Ende des Zweiten Weltkrieges Eigentümer der Burg. Das Gemäuer beherbergt heute das Archiv der deutschen Jugendbewegung und ist Sitz der Stiftung Jugendburg Ludwigstein. Die Erbauung der Burg schritt seinerzeit übrigens sehr zügig voran, was damals die Annahme nährte, dass der Leibhaftige seinen Pferdefuß mit im Spiel haben müsse. So berichtet die Legende, dass die Burg mithilfe des Teufels und der schwarzen Kunst in nur einer Nacht entstanden sei.

Jugendburg Ludwigstein, 37214 Witzenhausen, ☎ 055 42/50 17 10, info@burgludwigstein.de, www.burgludwigstein.de, Übernachtung ab € 23,50, Zelten € 5,50 (Nutzung des Hallenbades inklusive!)

Fachwerk auf Burg Ludwigsstein © Werratal Tourismus Marketing

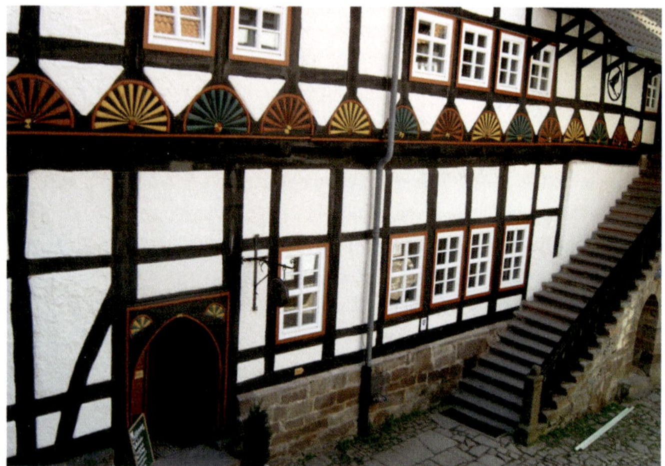

☺ Unterbrechen Sie die Wanderung auf dem Werra-Burgen-Steig Hessen für eine zusätzliche Nacht auf Burg Ludwigstein. Von hier aus bietet sich eine sehr empfehlenswerte Wanderung zur Teufelskanzel und zur Burg Hanstein an. Von Burg Ludwigstein folgen Sie der Markierung „gelbe 7" hinunter nach Werleshausen und weiter nach Lindenwerra, wo der steile Aufstieg zur Teufelskanzel beginnt. Der gleichen Markierung folgend erreichen Sie die Burg Hanstein. Ab hier wandern Sie auf dem Zweiburgenweg (gelbe 5) wieder zurück zur Burg Ludwigstein. Für die rund 15 km lange Wanderung muss mit einer Gehzeit von etwa 4 Std. 30 Min. gerechnet werden. ☞ Die thüringische Variante

ÖPNV nach Witzenhausen, Bad Sooden-Allendorf und Eschwege

Von Montag bis Freitag gibt es ausreichende Verbindungen mit der Buslinie 220 ab Haltestelle Ludwigstein (ca. 10 Min. zu Fuß) zum Bahnhof Witzenhausen (Fahrzeit ca. 15 Min.). Samstags bestehen Busverbindungen nur bis mittags, darüber hinaus sowie an Sonntagen bringt Sie das Anruf-Sammel-Taxi (AST) zum Marktplatz. Die Fahrten müssen bis 30 Min. vor Abfahrt angemeldet werden! Fahrplan und Anmeldung unter ☏ 018 02/00 35 00. Für den Transfer steht auch der Burgbus zur Verfügung (€ 15). Die Buslinie 220 fährt in entgegengesetzter Richtung nach Bad Sooden-Allendorf und Eschwege.

5. Abschnitt: Burg Ludwigstein - Bad Sooden-Allendorf

ca. 17,6 km, ca. 5 Std., ↑ 632 m, ↓ 717 m, ⇧ 144-485 m

0,0 km	⇧ 225 m	Burg Ludwigstein
3,8 km	⇧ 341 m	Großer Habichtstein
9,2 km	⇧ 302 m	Kammerbach
10,5 km	⇧ 481 m	Roßkopfturm
14,4 km	⇧ 204 m	Ahrenberg
17,6 km	⇧ 155 m	Bad Sooden-Allendorf (Fischerstad)

Von der Paaschelinde wandern Sie die Zufahrtstraße mit freiem Blick über die umliegenden Wiesen und Felder abwärts und biegen auf den nächsten nach rechts abzweigenden Weg ein. Nach einer Rechtskurve sind es noch rund 80 m, bis Sie auf den Feldweg nach rechts abbiegen und noch einmal einen Blick auf die Burgruine Hanstein werfen können. Der Feldweg geht in einen Wiesenweg über, dem Sie am Ende der Steigung nach links folgen. Bald macht der Weg eine scharfe Rechtskurve (hier steht eine Sitzbank) und führt geradeaus ansteigend in den Wald, wo es zunächst nach links auf einem Pfad und wenig später auf einem ebenen Waldweg abermals nach links weitergeht. Der Werra-Burgen-Steig Hessen nähert sich einer Waldlichtung. Zur Linken fließt zunächst noch der schmale Rattenbach, um sich bald darauf in den Wiesenflächen zu verlieren.

Nach der Lichtung und der Kreuzung biegen Sie rechts hinauf in den Wald ab, hinter Ihnen zeigt sich ein letztes Mal die Ruine Hanstein. Nach ein paar Hundert Metern erreichen Sie die Schutzhütte am Großen Habichtstein.

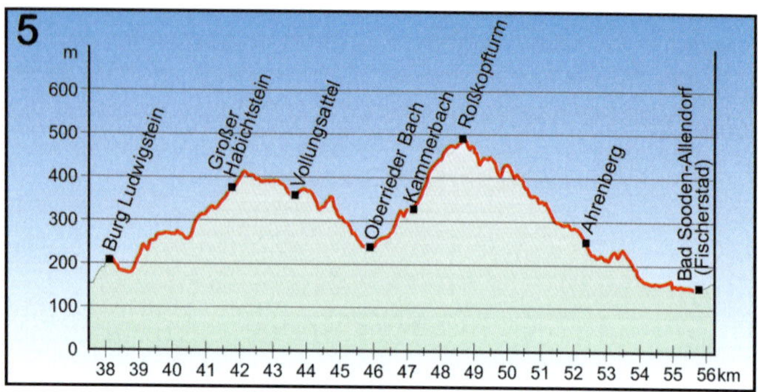

Zum Aussichtspunkt des **Großen Habichtstein** sind es rund 100 m nach rechts über einen wurzeligen und steinigen Pfad. Der Ausblick vom 370 m hoch gelegenen Felsen über die geschwungenen Erhebungen des Kaufunger Waldes ist ausgesprochen schön.

An der Schutzhütte setzt sich die Wanderung nach links bergan fort. Nach gut 100 m halten Sie sich an der Weggabelung rechts. Auf der Höhe des Schüllerskopfes angekommen folgen Sie dem nach rechts führenden Abzweig für etwa 20 m, um dann auf den nach links abknickenden Pfad zu wechseln. Der Pfad bringt Sie zu einem Weg und einer davon nur wenige Meter entfernten Kreuzung. Biegen Sie an der Kreuzung sofort wieder rechts ab auf den Forstweg.

Nach einer längeren Gefällstrecke führt Sie kurz vor dem Waldrand ein unbefestigter Weg nach links zu einem nicht weit entfernten Schotterweg. Hier geht es links hinauf, bevor Sie nach ca. 50 m erneut nach rechts abbiegen. Auf ebenem Weg wandern Sie durch eine abwechslungsreiche und vielfältige Waldlandschaft: Junge Buchen und Eichen begleiten Sie bis zu einem markanten Felsen. Direkt vor diesem Felsen halten Sie sich links. Reizvoll gestaltet sich die Wegführung auch hier! Zu den Buchen und Eichen gesel-

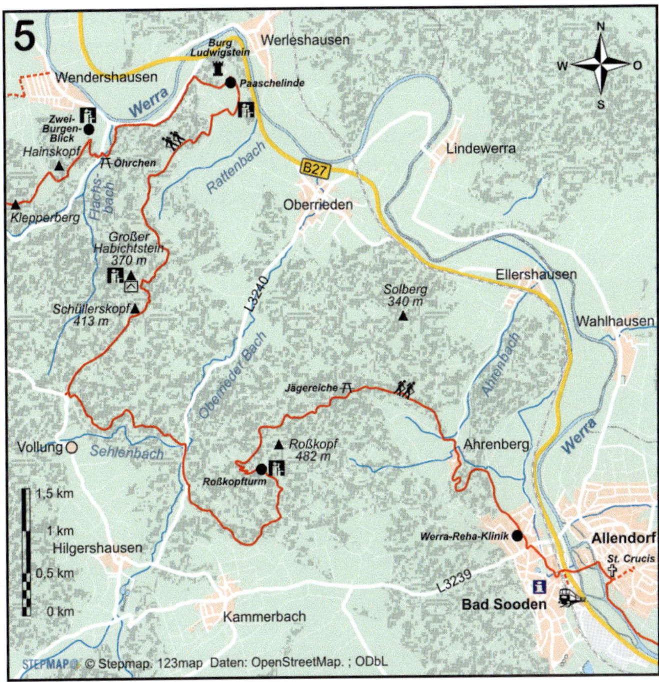

len sich Birken und Kiefern. Überall überdeckt dichtes Moos das Holz und die Steine. Sie wandern nun am Steilhang allmählich in das klamme, enge **Sehlenbachtal** hinab.

Der Weg hinunter ins Sehlenbachtal ist stellenweise mit einem dichten Laubteppich bedeckt, unter dem auch größere Steine und Löcher oftmals schwer oder gar nicht zu erkennen sind. Besonders das letzte Stück zur Straße ist steil und birgt durch nasses Moos auf losen Steinen die Gefahr auszurutschen.

Im Tal mit Oberrieder Bach und Landstraße angekommen folgen Sie dem Straßenverlauf nach rechts. Auf Höhe einer Kläranlage wandern Sie nach links in den Wald und folgen dem lang ansteigenden Waldweg. Der Weg macht zum Waldrand hin einen weiten Linksbogen, hier zeigt ein Wegweiser die Richtung ins ca. 800 m entfernte Dorf **Kammerbach** an.

Gasthaus Krug, An der Hufe 11, Kammerbach, 056 52/25 15, gast-pensionshaus-krug@t-online.de, www.gast-pensionshaus-krug.de, EZ ab € 30, DZ ab € 50. Der Weg in den Ort und zum Gasthaus ist markiert.

Roßkopfturm

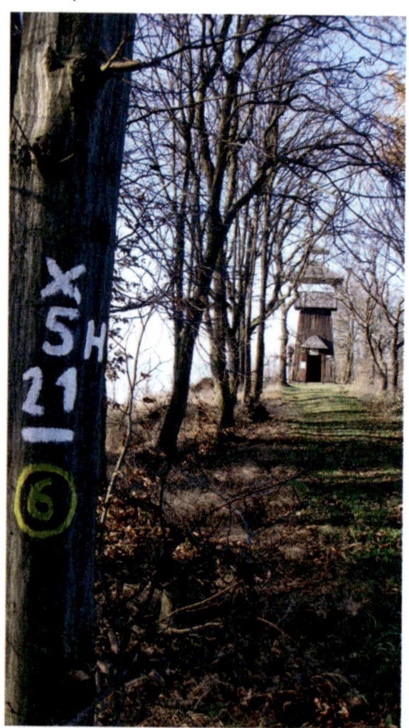

Vom Abzweig nach Kammerbach führt der Werra-Burgen-Steig Hessen beständig weiter nach oben - zwischendrin wird es auch mal richtig steil - in Richtung Roßkopfturm. Auf der Höhe angekommen biegen Sie an der T-Kreuzung nach links ab. An der nächsten Gabelung halten Sie sich zuerst links, schwenken dann aber sogleich wieder nach rechts und wandern zum bereits sichtbaren **Roßkopfturm**.

Steigen Sie den hölzernen Aussichtsturm hinauf - der Rundumblick u.a. zur Ruine Hanstein und zum Meißner ist bezaubernd. Die exponierte Lage des Turmes macht ihn zudem zu einem reizvollen Rastplatz.

Auch ein Heinrich Thal zeigte sich von diesem Ort besonders angetan und so fasste er seine Gedanken und Gefühle in ein Gedicht, das sich so am Turm wiederfindet:

Morgen am Rosskopf

Noch geistert im schlummernden Tal die Nacht;
auf den Wiesen die Nebel rings brauen,
da hab ich mich still auf die Reise gemacht,
am Rosskopf den Morgen zu schauen.

In Buchen und Eichen steht heilige Ruh',
vom Himmel hoch schimmern die Sterne,
es wendet sich betend das Herz ihnen zu,
den göttlichen Lichtern so ferne.

So schreit ich sinnend hindurch durch den Wald,
erklimme den Turm auf dem Gipfel,
gepackt von der wuchtigen Schöpfer Gewalt
hoch über dem Heere der Wipfel.

Jetzt schießen die Strahlen des Sonnenballs
dort im Osten hoch über die Lande,
es nahen die feurigen Boten des Alls
im gleißenden Perlengewande.

Sie jagen herüber wie Krieger im Sturm
gehorsam nach Gottes Befehle,
hell glänzet das Frühlicht rings um den Turm,
und Jubel erfaßt meine Seele.

Und weithin glitzert im Waldgras der Tau,
es wichen die Ängste und Sorgen,
denn mein Herrgott ging selbst durch die seelige Au! -
so grüßt ich am Rosskopf den Morgen.

Vom Roßkopfturm führt ein schmaler naturbelassener Pfad zu einem rund 400 m entfernten breiten geschotterten Forstweg, dem Sie nach rechts beständig bergab folgen. Der Weg bringt Sie zum Rastplatz **Jägereiche**, von wo es nach rechts über einen Weg weitergeht.

Sobald der Weg eine deutliche Linkskurve macht, führt nach rechts ein Pfad den Hang hinunter. Ein Schild weist darauf hin, dass der Ort Ahrenberg keine 1.000 m mehr entfernt ist. Nach dem Überqueren des Ahrenbachs wenden Sie sich auf den Feldweg nach links und wandern bis zur Kreisstraße kurz vor der Ortschaft **Ahrenberg**. Am Ortsrand befindet sich ein Parkplatz mit Bushaltestelle und einem Informationsportal zum Werra-Burgen-Steig Hessen. Die Wanderung führt durch das freundliche Dorf, unmittelbar am Eingang des Berggasthofes Ahrenberg vorbei und weiter nach links über die Terrasse des Restaurants.

Berggasthof Ahrenberg, Auf dem Ahrenberg 5, ☎ 056 52/957 30, info@hotel-ahrenberg.de, www.hotel-ahrenberg.de, EZ ab € 55, DZ ab € 85. Qualitätsgastgeber Wanderbares Deutschland

♦ **Landhaus am Ahrenberg**, Auf dem Ahrenberg 4, ☎ 056 52/25 38, landhaus@ahrenberg.de, www.ahrenberg.de, EZ ab € 27, DZ ab € 50. Qualitätsgastgeber Wanderbares Deutschland

Der Terrasse schließt sich ein Pfad an. Nach kurzer Steigung folgen Sie zunächst dem eben verlaufenden Pfad nach links. Dann laufen Sie auf einer längeren Gefällstrecke durch den Wald hinunter bis ins Tal. Hier befindet sich eine Wassertretanlage, an der Sie sich nach rechts wenden und entlang der Felder in den knapp 1 km entfernten Stadtteil Sooden wandern.

Sie passieren die Werra-Reha-Klinik und gehen kurz darauf an der Bushaltestelle Hainbachwiesen und dem Wanderportal des Naturparks nach links und gleich wieder nach rechts über die Durchgangsstraße in Richtung WerratalTherme. Sie befinden sich nun bereits im Kurbereich der Stadt. Wenn Sie eine Minigolfanlage und die WerratalTherme passiert haben, erstreckt sich vor Ihnen das beeindruckende Gradierwerk.

In der WerratalTherme können es sich die Besucher im 32-34° C warmen Solewasser gut gehen lassen. Neben einem Wellenbad stehen verschiedene Saunen, eine Solegrotte sowie ein Dampfbad zur Verfügung.

♦ täglich 9:30 bis 22:00, Fr bis 24:00, ☎ 056 52/95 87 70, info@werrataltherme.com, www.werrataltherme.com

Unmittelbar danach halten Sie sich vor dem Kurtheater links, unterqueren die Bahngleise und erreichen über zwei dicht aufeinanderfolgende Brücken die Straße Fischerstad im Stadtteil Allendorf. Die Allendorfer Altstadt mit dem Marktplatz ist geradeaus nach wenigen Gehminuten erreicht.

An der Bahnunterführung können Sie noch vor den Brücken nach rechts zum nur wenige Meter entfernten Bahnhof gehen.

Bad Sooden-Allendorf

Touristinformation, Landgraf-Phillipp-Platz 1-2, 37242 Bad Sooden-Allendorf, 056 52/958 70, touristinfo@bad-sooden-allendorf.de, www.bad-sooden-allendorf.de, Mo bis Fr 9:00 bis 17:00, Sa 9:00 bis 12:00, So 14:00 bis 17:00

EKKOs Kultur- und Tagungshotel, Brunnenplatz 1, 056 52/58 76 40 00, rezeption@ekkos-hotel.de, www.ekkos-hotel.de, EZ ab € 75, DZ ab € 118

- **Waldhotel Soodener Hof**, Hardtstraße 7, 056 52/919 30, info@soodener-hof.de, www.soodener-hof.de, EZ € 58, DZ € 95
- **Hotel Central**, Haintor 3, 056 52/95 88 70, escher@hotel-central-badsooden.com, www.hotel-central-badsooden.com, EZ ab € 36, DZ € 68
- **Hotel Martina**, Westerburgstraße 1, 056 52/952 90 oder 20 80 oder 20 88, hotel-martina@t-online.de, www.hotel-martina.de, EZ ab € 40, DZ ab € 66
- **Parkhotel Am Schwanenteich**, Rosenstraße 4, 056 52/60 00, info@parkhotel-schwanenteich.de, www.parkhotel-schwanenteich.de, EZ ab € 40, DZ ab € 65
- **Pension Sole Mio**, Hardtstraße 22, 056 52/49 19, info@pension-sole-mio.de, www.pension-sole-mio.de, EZ ab € 32, DZ ab € 60
- **Hotel-Pension Haus Hilgenfeld**, Freiherr-vom-Stein-Straße 23, 056 52/23 24, hanne.schnaar@t-online.de, www.hotel-hilgenfeld.de, EZ ab € 32, DZ ab € 60
- **Pension Café Feldmann**, Landgrafenstraße 5+6, 056 52/91 78 78, webmaster@cafe-feldmann.de, www.cafe-feldmann.de, EZ ab € 31, DZ ab € 58

- **Hotel LR6**, Lange Reihe 6, ☎ 056 52/58 94 34, ✉ langereihe6@web.de, 💻 www.langereihe6.de, EZ ab € 35, DZ ab € 55
- ♦ **Klosterschänke**, Am Tor 3, ☎ 056 52/23 88, ✉ info@klosterschaenke-bsa.de, 💻 www.klosterschaenke-bsa.de, EZ ab € 27,50, DZ ab € 55
- ♦ **Pension am Kurpark**, Brunnenstraße 12, ☎ 056 52/919 21 77, ✉ info@pension-am-kurpark.de, 💻 www.pension-am-kurpark.de, EZ ab € 29, DZ ab € 46
- Im knapp 2,5 km entfernten Wahlhausen (Ortseingang) befindet sich ein Campingplatz direkt am Werraufer.

  Camping-Oase, Kreisstraße 32, ☎ 03 60 87/986 71 und 986 45, ✉ camping-oase@web.de, 💻 www.camping-oase.de, Zelt € 5,50, Erwachsene € 4, bis 18 Jahre € 2, Hund € 1

ÖPNV nach Hann. Münden, Witzenhausen und Eschwege

Ab Bahnhof Bad Sooden-Allendorf stehen täglich zahlreiche Zugverbindungen zur Verfügung. Auf dem Weg zum Bahnhof Hann. Münden ist das Umsteigen an der Haltestelle Eichenberg immer erforderlich, die Fahrzeiten betragen zwischen 30 und 45 Min. Für die Strecke zum Bahnhof Witzenhausen Nord werden zwischen 20 und 50 Min. benötigt, auch bei diesen Verbindungen ist das Umsteigen in Eichenberg obligatorisch. Die Zugfahrt nach Eschwege dauert nur gut 10 Min.

Die Gründung Bad Sooden-Allendorfs erfolgte in der zweiten Hälfte des 8. Jh. Durch die jahrhundertelange Salzgewinnung konnte sich die Stadt einen gewissen Wohlstand erwirtschaften, bis sie im Dreißigjährigen Krieg (1637) niedergebrannt wurde. Beim Wiederaufbau vermischten sich durch die geografische Nähe zu Thüringen und Niedersachsen deren Fachwerkstile mit dem hessischen. Dank des begehrten Salzes ging es wirtschaftlich wieder bergauf, bis die Produktion zu teuer wurde und sich nicht mehr rentierte. Nach über 1.000-jähriger Salzsiederei wurde die Saline geschlossen. Getreu dem Motto „Jedem Ende folgt ein neuer Anfang“ wurde zeitgleich damit begonnen, die gesundheitsfördernde Wirkung der Sole zu nutzen und den Kurbetrieb kontinuierlich auszubauen. An die vergangenen Zeiten der Salzgewinnung wird bis heute mit dem Brunnenfest erinnert. ☞ Feste feiern

Übrigens: „Am Brunnen vor dem Tore, da steht ein Lindenbaum; ich träumt‘ in seinem Schatten so manchen süßen Traum…“. Wenigstens diese ersten Textzeilen des Volksliedes dürften so manchem im Ohr klingen! Das durch den Dichter Wilhelm Müller und dem Komponisten Franz Schubert geschaffene Lied soll seinen Ursprung in Bad Sooden-Allendorf haben. Auch heute noch kann man sich unter dem grünen Dach einer ca. 100 Jahre alten Linde zu einer Rast niederlassen und dem Plätschern des Brunnens lauschen. Zu finden ist der Platz unmittelbar vor dem historischen Steintor am Rande der Altstadt.

✞ **Hospitalkapelle.** In der Wahlhauser Straße befindet sich die Kapelle des „Hospitals zum Heiligen Geist". 1959 wurden einzigartige Wandmalereien aus dem 14. Jh. entdeckt und aufwändig restauriert.

Die Kapelle ist leider nur mittwochs von 16:00 bis 17:00 zugänglich.

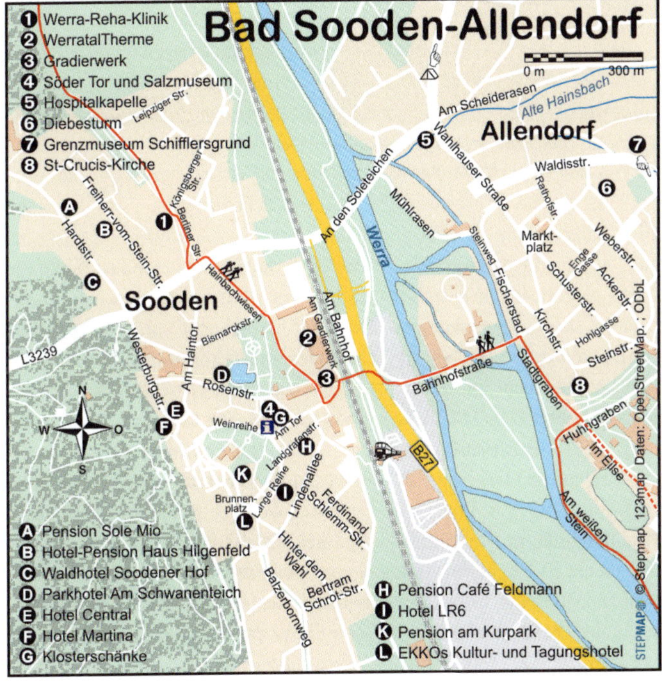

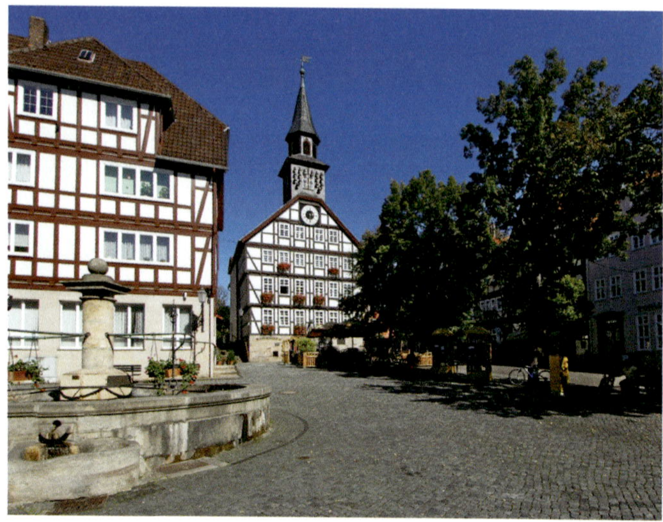

Rathaus und Brunnen in Bad Sooden-Allendorf
© Werratal Tourismus Marketing GmbH

⌘ **Salzmuseum.** Die Salzgewinnung in Bad Sooden-Allendorf blickt auf eine annähernd 1.000-jährige Geschichte zurück, die Produktion wurde 1906 eingestellt. Im historischen Söder Tor, einst der Zugang zur Saline, befindet sich das Salzmuseum. Ausgestellt ist auch eine von insgesamt zwei Abschriften der „Salzbibel" des Theologen und Naturphilosophen Johannes Rhenanus aus dem 16. Jh.

♦ Mi (nur 1. April bis 30. September), Sa bis So und feiertags 14:00 bis 17:00, verein@heimatkunde-bsa.de, www.salzmuseum.heimatkunde-bsa.de. Führungen können unter ☏ 056 52/95 87 16 angefragt werden.

⌘ **Diebesturm.** Der Turm war Teil der mittelalterlichen Stadtbefestigung und diente als Wachturm. Später wurden hier Diebe eingesperrt, was zu seinem Namen führte. Vom Turm gewinnt man einen wunderbaren Überblick.

♦ In der Regel ist der Turm tagsüber geöffnet, Auskunft gibt die Touristinformation, ☏ 056 52/958 70.

⌘ **Grenzmuseum Schifflersgrund.** Auch wenn der Werra-Burgen-Steig Hessen nicht unmittelbar daran vorbeiführt, sei an dieser Stelle dennoch auf das Grenzmuseum Schifflersgrund in Asbach/Sickenberg ganz in der Nähe von Bad Sooden-Allendorf hingewiesen. Teile der ehemaligen Grenzanlagen blieben hier erhalten, spannende Führungen werden angeboten und eine Ausstellung informiert über die Geschichte der innerdeutschen Grenze. Der Besuch ist unbedingt zu empfehlen!

Das Grenzmuseum diente auch immer wieder als Filmkulisse, so z.B. für die Spielfilme „An die Grenze" mit Jacob Matschenz, Bernadette Heerwagen und Corinna Harfouch sowie „Der Mauerschütze" mit Benno Führmann und Annika Kuhl.

♦ täglich 10:00 bis 17:00, ☏ 0360 87/984 09, info@grenzmuseum.de, www.grenzmuseum.de.

6. Abschnitt: Bad Sooden-Allendorf - Neuerode

ca. 16,8 km, ca. 5 Std. 30 Min., ↑ 640 m, ↓ 432 m, ⇧ 146-562 m

0,0 km	⇧ 155 m	Bad Sooden-Allendorf (Fischerstad) ⌘
4,1 km	⇧ 292 m	Schloss Rothestein
7,0 km	⇧ 503 m	Aussichtspunkt Hörne
9,3 km	⇧ 533 m	Grünes Band (hessisch-thüringische Grenze) ⌘
12,0 km	⇧ 464 m	Wolfstisch (bei Hitzelrode) ⌘
15,3 km	⇧ 480 m	Silberklippe
16,8 km	⇧ 351 m	Neuerode

Nach dem Überqueren der Werra zweigt ein Fußweg nach rechts ab und führt Sie an der Stadtmauer entlang. Kurz darauf passieren Sie auf der linken Seite den Kirch- und Bibelgarten St. Crucis. Nach etwa 250 m biegen Sie in Höhe der Kirche und des Friedhofes nach rechts zum Sportplatz ab und wandern den Wiesenweg in unmittelbarer Werranähe entlang.

Dieser Streckenabschnitt ist bei Hochwasser unpassierbar. Als Alternative folgen Sie ab dem Friedhof/Sportplatz der Wegmarkierung 5 geradeaus.

Nach etwa 2,5 km trifft die Alternativroute kurz vor dem Anstieg zum Schloss Rothestein wieder auf die reguläre Streckenführung.

Die Wegoberfläche geht von Grasbewuchs in Schotter über. Nach einer 90°-Kurve biegen Sie nach rechts auf einen weiteren Wiesenweg ab. Diesem folgen Sie bis zu einem Asphaltweg, auf den Sie erst nach rechts abbiegen, um ihn dann aber gleich wieder nach links über den Pfad zu verlassen.

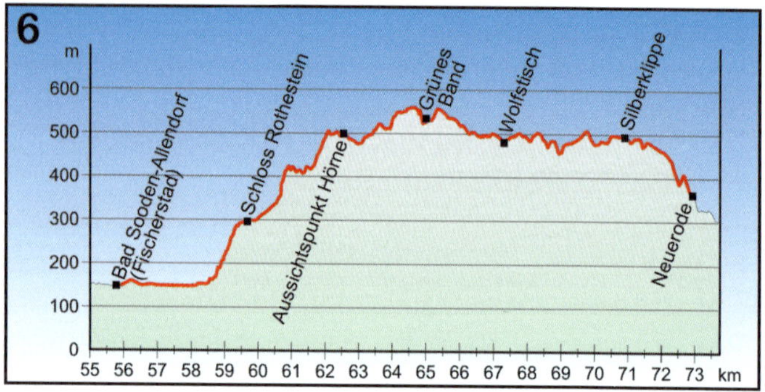

Wenn Sie dem asphaltierten Weg für ca. 50 m nach links folgen, können Sie eine Rast im Fischerstübchen einlegen.

♦ tägl. ab 10:30 (kein Ruhetag), ☎ 056 52/37 51, www.fischerstuebchen.info

Sie gelangen an einen befestigten Weg mit einem auffällig schönen Haus, der ehemaligen Gärtnerei von Schloss Rothestein. Wenn Sie an dem herrlichen Gebäude vorbeigewandert sind, beginnt auch schon der Aufstieg zu Schloss Rothestein. Über die Zufahrtstraße sind es rund 2 km, der Markierung X5 H folgend müssen rund 900 m auf steilen, naturbelassenen Pfaden bewältigt werden.

Bei ungünstiger Witterung (Nässe) ist der steile Pfad stellenweise sehr rutschig, dann sind Schuhe mit guter, griffiger Sohle erforderlich. Im Zweifel ist die längere, aber bequemere Variante besser geeignet.

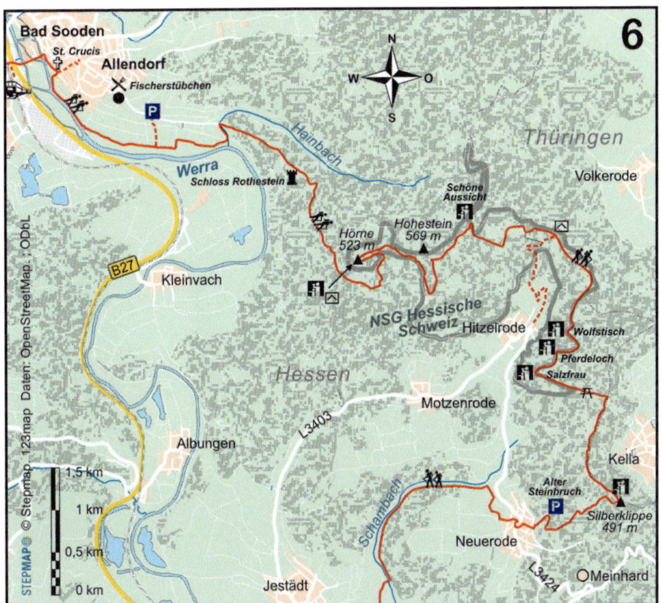

Am Ende des steilen Anstieges treffen Sie auf die Zufahrtsstraße zum Schloss. Halten Sie sich links, nach rund 150 m haben Sie das große Schlosstor erreicht.

Schloss Rothestein ist ein relativ junges Gemäuer, dessen Grundsteinlegung auf einem mächtigen Felsen aus rotem Sandstein 1891 erfolgte. Freiherr von Gilsa, Intendant des Theaters in Kassel, wollte mit dem Bau seine Vorstellungen eines neogotischen Schlosses in die Tat umsetzen. Sein Ziel erreichte er indes nicht und verkaufte das Schloss an den Engländer Baron von Knoop, der für die Fertigstellung sorgte. Aber auch er war nicht lange Zeit im Besitz des Anwesens und veräußerte es 1927 an Freiherr von Lüninck. 1994 wechselte der Besitzer erneut. Dieser eröffnete ein Café und machte Schloss Rothestein für die Öffentlichkeit zugänglich.

✕ **Café** auf **Schloss Rothestein,** Mi bis So 14:00 bis 18:00, ☏ 056 52/58 92 30 oder 20 57, pelikan@hotel-werratal.de, www.schloss-rothestein.com. Die Terrasse bietet nicht nur ein tolles Ambiente, sondern auch einen fantastischen Ausblick!

Schloss Rothestein © Bad Sooden-Allendorf

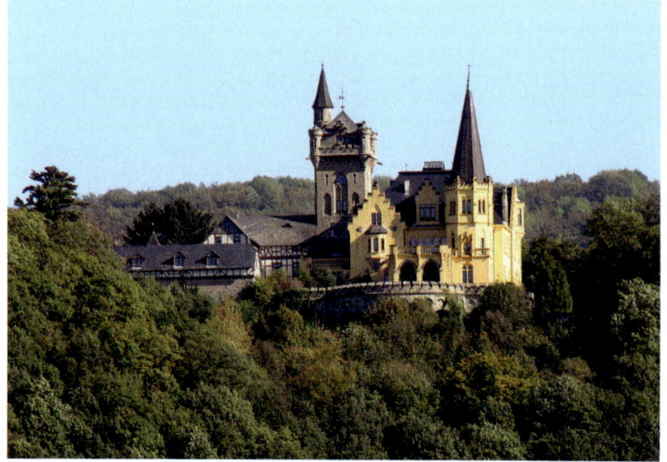

Der Werra-Burgen-Steig Hessen führt vom Schlosstor den Waldweg links hinunter. Nach rund 1 km biegen Sie nach rechts auf den ansteigenden Pfad ab. An der folgenden Weggabelung halten Sie sich weiter rechts auf dem ansteigenden Weg, dann schließt sich eine Gefällstrecke an, an deren Ende Sie dem kreuzenden Weg für wenige Meter nach links folgen. Jetzt steigen Sie links den kräftig bergan führenden Weg zum **Aussichtspunkt Hörne** (mit Schutzhütte) (📷 Seite 41) im Naturschutzgebiet Hessische Schweiz hinauf. Der Ausblick von diesem 523 m hoch gelegenen Felssporn ins Werratal mit den sich zu beiden Seiten des Flusses erhebenden Laubwaldhängen ist überwältigend! Von der Hörne führt ein Naturpfad ein kurzes Stück bergab und schon bald eröffnet sich ein weiterer toller Ausblick. Der Pfad verläuft nun eben und zum Teil dicht an einer steil abfallenden Felskante entlang - bei Nässe ist erhöhte Aufmerksamkeit geboten!

☺ Überhaupt geht es hier im **Naturschutzgebiet Hessische Schweiz** sehr spannend zu. Die Strecke vom Aussichtspunkt Hörne bis zur Silberklippe oberhalb von Neuerode ist die mit Abstand beeindruckendste des gesamten Werra-Burgen-Steigs Hessen. Die naturbelassenen, sich an Felsen vorbeischlängelnden Pfade, die grandiosen Aussichtspunkte und die bildschönen Laubwälder machen den Weg durch diese Region zu einem außergewöhnlichen Wandererlebnis!

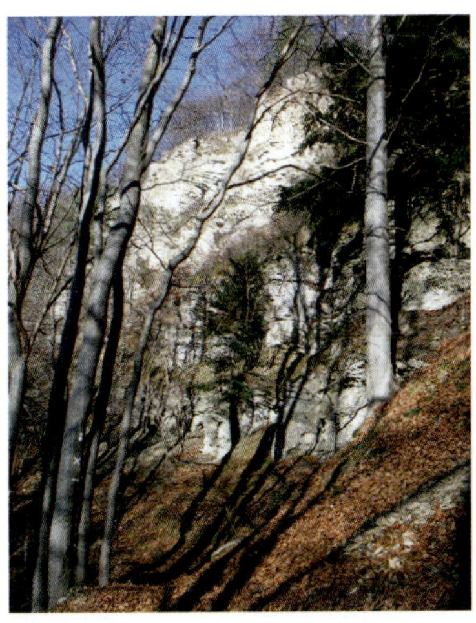

Hessische Schweiz

Der Pfad führt teilweise direkt über Felsen immer wieder etwas bergab. Am Ende einer kleinen Senke erhebt sich vor Ihnen ein steil aufragender Felssporn, an dem der Pfad rechts vorbeiführt. Der Felssporn ist der Beginn eines mächtigen Muschelkalkfelsmassives, das sich durch den herrlichen, mit Eiben durchsetzten Laubwald entlang des Pfades zieht. Über einige Stufen und nach einer weiteren leichten Steigung wird auf der Höhe eine Sitzbank erreicht, von wo es weiter in Richtung Schöne Aussicht geht. Nach ein paar wenigen Gehminuten befinden Sie sich an einer Lichtung mit einem Grenzstein; folgen Sie dem Wegverlauf nach rechts um die Wiese herum.

Ein 50-m-Abstecher von der Lichtung nach links bringt Sie zu einem Aussichtspunkt, den Sie sich auf gar keinen Fall entgehen lassen dürfen. Die Aussicht über das Werratal und auf das tief unten liegende Schloss Rothestein ist ein Traum und garantiert unübertrefflich!

Unmittelbar nach dem Passieren der Waldwiese laufen Sie auf den nach links abzweigenden Pfad, wandern an einer Schutzhütte vorbei und erreichen mit der Schönen Aussicht einen weiteren Aussichtspunkt. Bald öffnet sich der

Wald erneut und es scheint, als kämen Sie an eine weitere Lichtung. Hier haben Sie die hessisch-thüringische Grenze erreicht und die vermeintliche Lichtung ist eine Schneise, die bereits zum **Grünen Band** gehört.

ⓘ Wo sich einst die innerdeutsche Grenze über knapp 1.400 km von der Ostsee bis zum Vogtland und damit zur Tschechischen Republik erstreckte, konnte sich in den Jahrzehnten der deutschen Teilung die Natur ungehindert entfalten. Bis zur Wiedervereinigung blieb dieser Todesstreifen durch die hermetische Abriegelung für Menschen - von Grenzpatrouillen einmal abgesehen - völlig unzugänglich. Es entstand ein einzigartiger Biotopverbund, der seit 2005 nationales Naturerbe Deutschlands ist.

💻 www.erlebnisgruenesband.de

Grünes Band

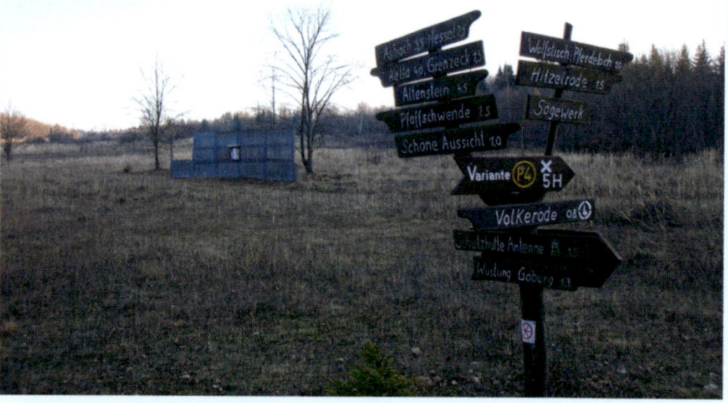

Vor der Schneise weist die Markierung X5 H nach rechts. Geradeaus weist ein Schild auf die Variante über den ehemaligen Kolonnenweg hin. Sie sollten auf jeden Fall der Variante folgen, sie ist wesentlich interessanter und nicht länger.

Dem ehemaligen Kolonnenweg folgen Sie nach rechts leicht abwärts bis zu einer Schutzhütte und einem Rastplatz, in dessen Nähe ein Stück des einstigen Grenzzaunes erhalten geblieben ist. An dem Metallzaun ist eine

Tafel angebracht, die über die Geschichte und Auflösung der Grenze an dieser Stelle im Jahre 1989 informiert. Auch der Rastplatz erinnert an die hiesige Grenzöffnung am 28.12.1989.

Vom Rastplatz sind es nur wenige Schritte, dann trifft die Kolonnenwegvariante im Wald wieder auf die Hauptroute des Werra-Burgen-Steiges Hessen, die nun nach links in unmittelbarer Nähe zum Grünen Band weiterführt. Der Weg geradeaus führt ins ca. 1,7 km entfernte **Hitzelrode**.

Naturhotel Hessische Schweiz, Auf dem Gänseland 2, 37276 Meinhard, ☎ 056 51/57 11, naturhotel@aol.com, www.naturhotel.de, EZ € 50, DZ € 97. Die Preise schließen Vollpension mit ein.

Im Wald führt die Wanderung in einem weiten Bogen oberhalb des Dorfes um Hitzelrode herum. An mehreren aufeinanderfolgenden Aussichtspunkten geben die Bäume den Blick auf den in einem schmalen Talkessel liegenden Ort sowie die sich darum erhebenden Gebirgszüge frei. Bevor Sie die felsigen Aussichtspunkte mit ihren auffälligen Namen besuchen, kommen Sie an einem alten Kalkbrennofen vorbei.

ⓘ Da nach dem Zweiten Weltkrieg das Baumaterial knapp war, wurde versucht, aus dem hier vorhandenen Kalkstein wertvollen Kalkmörtel herzustellen. Hierzu wurde der Kalkstein zusammen mit Koks oder Kohle bei ca. 1.000°C in dem Turm gebrannt. Das dabei erzeugte Calciumoxyd (Branntkalk) wurde mit Wasser abgelöscht und mit Sand versetzt.

Als erster der Aussichtspunkte wird der Wolfstisch erreicht, dann geht es weiter zum Pferdeloch, daran schließt sich die Salzfrau an.

Der **Wolfstisch** (Seite 86) ist eine natürliche, an einen Tisch erinnernde Muschelkalkplatte, die vermutlich einst als Gerichts- oder Opferstätte diente. Wahrscheinlich wurde im Dreißigjährigen Krieg in der Felsklamm **Pferdeloch** das Vieh der umliegenden Höfe versteckt.

Bei der **Salzfrau** handelt es sich mutmaßlich um einen Platz, an dem früher Salzträgerinnen Rast einlegten.

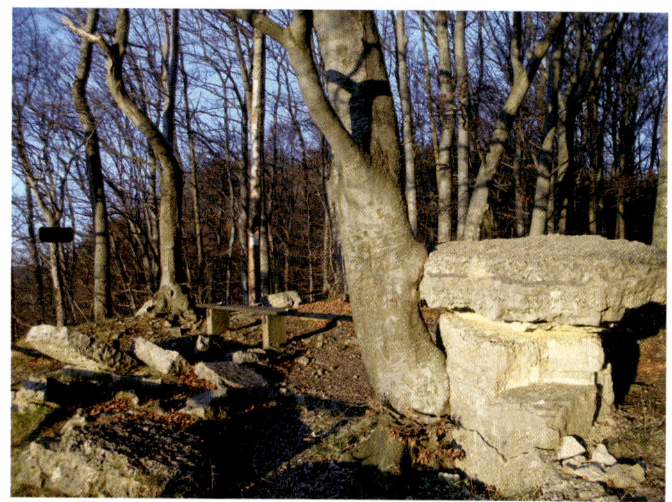

Wolfstisch bei Hitzelrode

Nach gut 700 m wird in einem Kiefernwäldchen eine Kreuzung mit einem Rastplatz erreicht. Ignorieren Sie hier den Wegweiser mit dem Hinweis, dass es nach Neuerode noch 2 km nach rechts sind. Sie wandern noch rund 200 m geradeaus bis zu einer kleinen Lichtung, halten sich rechts und biegen dann gleich wieder auf den Pfad scharf rechts ab. Zu sehen sind zahlreiche **Grenzsteine**, die mit den Kürzeln KH (Kurfürstentum Hessen Kassel) und KP (Königreich Preußen) hier schon im 19. Jh. die Grenzen markierten. Heute kennzeichnen sie die Grenzlinie zwischen Hessen und Thüringen.

Hoch oberhalb des kleinen thüringischen Dorfes Kella zieht sich der Weg entlang des mit Laubbäumen bewaldeten Hanges zum **Aussichtspunkt Silberklippe**.

Kurz vor dem Aussichtspunkt heißt es aufgepasst: Unmittelbar bevor der Weg ein paar Schritte steil nach rechts zur Silberklippe hinaufführt, befindet sich wenige Meter weiter eine Felsspalte, die durch Laub unter Umständen nicht sofort erkennbar ist.

Der Ausblick von der Silberklippe ist fesselnd! Die Blicke schweifen vom Eschweger Becken mit dem Leuchtberg und dessen Bismarckturm, dem Wahrzeichen Eschweges, hin zu Boyneburg, Thüringer Wald und Hainich. Ein unvergleichlicher Anblick ist es, wenn sich aus dem mit Nebel gefüllten Eschweger Becken der Leuchtberg wie eine Insel aus einem weißen Meer erhebt. Wenn zudem die Dämmerung hereinbricht und der Bismarckturm in gelblichem Licht erstrahlt, dann wird der Moment zu einem unvergesslichen Augenblick!

Mit dem Verlassen der Silberklippe entfernen Sie sich auch von der Grenze zu Thüringen. Nach wenigen Minuten erreichen Sie eine Kreuzung. Biegen Sie hier links ab, halten Sie sich gleich darauf rechts und sofort erneut links. Der Weg bringt Sie nun stetig den Berg hinunter. Das letzte Stück vor **Neuerode** ist extrem steil, hinsichtlich der Wegoberfläche aber dennoch gut zu laufen. Am Ende des Gefälles kommen Sie zum Wanderparkplatz „Alter Steinbruch“ und wandern auf dem befestigten Weg in den Ort. Wenige Schritte, nachdem Sie die ersten Häuser passiert haben, wenden Sie sich nach rechts und steigen zwischen den Häusern den Wiesenweg hinunter bis zur Straße Hinter den Höfen. Hier nach rechts, dann sind es nur noch wenige Schritte bis zur Durchgangsstraße (Steinweg) und damit in die Dorfmitte.

Wertvoll-Gasthaus Leib und Seele, Meinhardsruh 1, ☏ 056 51/227 74 46, info@leibundseele-meinhard.de, www.leibundseele-meinhard.de, EZ € 32,50, DZ € 55, Zelten € 5. Das Haus liegt etwas außerhalb des Ortes, vom Ortseingang knapp 800 m vom X5 H entfernt.

◆ **Privathaus Degenhardt**, Grebendorfer Straße 7, ☏ 056 51/701 79, degenhardt-neuerode@t-online.de, EZ € 22,50, DZ € 50

◆ **Naturfreundehaus Haus am Meinhard**, Auskunft: Axel Ziska, ☏ 056 51/508 09, axel.ziska@naturfreunde-hessen.de

ÖPNV nach Eschwege

Die Buslinie 235 fährt von Montag bis Freitag tagsüber mehrmals von Neuerode nach Eschwege. An Wochenenden und Feiertagen gibt es keine Verbindungen. In Eschwege steht z.B. das Taxiunternehmen Herud zur Verfügung, ☏ 056 51/66 00 und 760 00.

7. Abschnitt: Neuerode - Eschwege

ca. 9,2 km ca. 2 Std. 15 Min., ↑ 34 m, ↓ 221 m, ⇧ 155-353 m

0,0 km	⇧ 352 m	Neuerode
3,5 km	⇧ 170 m	Kreisstraße K3
6,0 km	⇧ 155 m	Meinhardsee (Campingplatz)
9,2 km	⇧ 162 m	Eschwege (Marktplatz)

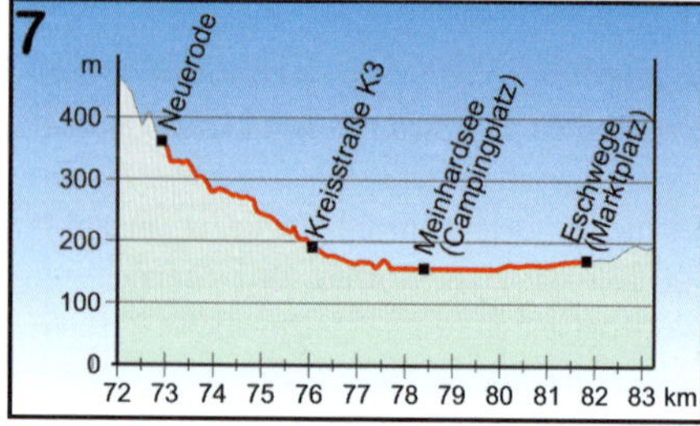

Von der Durchgangsstraße (L3424) zweigt an einem kleinen Lebensmittelladen die Straße Lehmkaute ab. Vorbei an einem historischen Spritzenhaus und dem Friedhof verlassen Sie Neuerode und biegen am Ortsausgang nach rechts auf den Wiesenweg ab. Nach gut 200 m halten Sie sich wieder rechts und wandern hinab ins Tal, durch das der schmale Schambach fließt. Vor den Weideflächen und dem Bach wenden Sie sich nach links und folgen seinem Verlauf entlang des Waldrandes. Nach ca. 2,1 km weitet sich das schmale Tal und der Weg macht eine Rechtskurve, wobei der Bach überquert wird. Nach einigen Schritten biegen Sie auf den Feldweg nach links ab und blicken bereits auf die Stadt Eschwege.

Nach ein paar Minuten ist die Kreisstraße K3 erreicht, der Sie für etwa 120 m nach links folgen, um dann wieder nach rechts auf den Feldweg abzubiegen. Links von Ihnen fließt inmitten der Wiesenflächen der Schambach, um nach ein paar Hundert Metern in die Werra zu münden. Nach ca. 375 m stoßen Sie nahe des Werraufers auf einen asphaltierten Wirtschaftsweg, dem Sie nach links folgen. Den Schambach überqueren Sie ein weiteres Mal nach wenigen Metern, wo Sie Ihren Füßen an einer naturbelassenen Wassertretstelle eine Erfrischung gönnen können. Dann schwenken Sie auf den nach links abzweigenden Feldweg ein und halten sich an der nächsten Weggabelung rechts. Es folgen ein paar Kurven, dann wandern Sie am Ufer des **Meinhardsees** (mit Strandbad) und an einem Campingplatz entlang.

△ **Werra-Meißner-Camping**, ☏ 056 51/62 00, ✉ info@werra-meissner-camping.de, 💻 www.werra-meissner-camping.de, Zeltplatz ab € 4,50, EZ ab € 15, DZ ab € 25 (ohne Frühstück), Ferienwohnung € 38,50 (zzgl. Bettwäsche und Endreinigung). Darüber hinaus können auch Wohnwagen gemietet werden. Zum vielfältigen Angebot gehört ferner eine Gaststätte mit Kaminzimmer.

Am Haupteingang des Campingplatzes vorbei geht es über eine Brücke, dann sofort wieder rechts auf einen Feldweg und am nächsten Abzweig nach links auf den Wiesenweg. Dieser führt schnurstracks zu einem weiteren Wiesenweg nahe der Werra, auf den Sie nach links abbiegen. Mit ein paar Metern Abstand folgen Sie dem Flusslauf Richtung Eschweger Innenstadt. Nach dem Unterqueren der B249 ist bald der Stadtrand erreicht. An der T-Kreuzung biegen Sie links ab in den Eschenweg, dann geht es über eine Brücke in Richtung historische Altstadt. Die Brückenstraße führt Sie über eine zweite Werrabrücke geradewegs in die Fußgängerzone. Von hier aus sind sämtliche Sehenswürdigkeiten Eschweges in wenigen Minuten zu erreichen, zum Bahnhof sind es etwa 1,2 km. Die vorhandenen Schilder weisen Ihnen die Richtung.

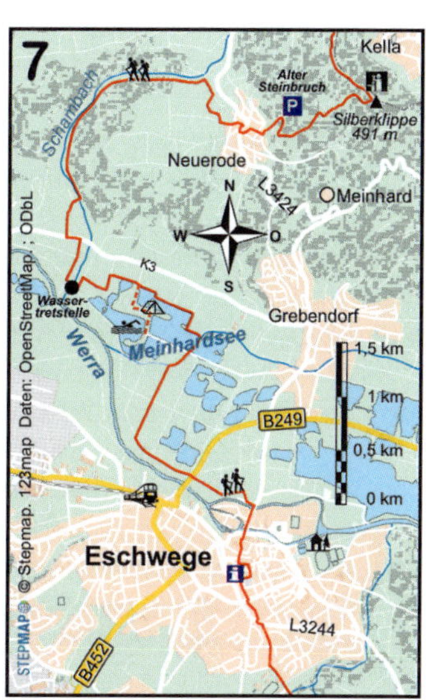

Eschwege

Touristinformation, Hospitalplatz 16, 37269 Eschwege, ☏ 056 51/33 19 85, ✉ tourist-info@werratal-tourismus.de, 💻 www.werratal-tourismus.de, Mai bis September Mo bis Fr 9:00 bis 18:00, Sa 10:00 bis 13:00; Oktober bis April Mo bis Fr 9:00 bis 16:30

WEROTEL Eschwege, Friedrich-Wilhelm-Straße 2, ☏ 056 51/992 62 90, ✉ info@werotel.de, 💻 www.werotel.de, EZ ab € 59, DZ ab € 89

- **Hotel Stadthalle**, Wiesenstraße 9, ☏ 056 51/95 12 10, www.stadthalle-esw.de, EZ € 48,50, DZ € 89
- **Hotel-Restaurant Zur Struth**, Struthstraße 7a, ☏ 056 51/92 28 13, info@hotel-zur-struth.de, www.hotel-zur-struth.de, EZ ab € 44, DZ ab € 79. Qualitätsgastgeber Wanderbares Deutschland
- **Altstadtgasthof Zur Krone**, Stad 9, ☏ 056 51/300 66, info@altstadtgasthof-krone.de, www.altstadtgasthof-krone.de, EZ ab € 49, DZ ab € 68,50. Ein 300 Jahre altes Fachwerkhaus beherbergt den ältesten Gasthof der Stadt.
- **Pension Frankfurter Hof**, Alter Steinweg 34, ☏ 056 51/55 16, info@frankfurterhof-eschwege.de, www.frankfurterhof-eschwege.de, EZ ab € 39, DZ ab € 66
- **Hotel Deutsches Haus**, Schlossplatz 7, ☏ 056 51/311 80, info@deutscheshaus-eschwege.de, www.deutscheshaus-eschwege.de, EZ ab € 40, DZ ab € 60
- **Hotel garni Am Heuberg**, Platz der Deutschen Einheit 1, ☏ 056 51/962 13, garniamheuberg@web.de, EZ ab € 35, DZ ab € 60
- **Hotel garni Luisenhof**, Luisenstraße 2, ☏ 056 51/51 07, kuellmer@werratal-tourismus.de, EZ ab € 35, DZ ab € 60
- **Jugendherberge**, Fritz-Neuenroth-Weg 1, ☏ 056 51/600 99, eschwege@djh-hessen.de, www.djh-hessen.de/jh/eschwege, Übernachtung ab € 22. Wer hier übernachten möchte, benötigt einen JH-Ausweis, der direkt vor Ort beantragt werden kann.
- **KNAUS Campingpark**, Am Werratalsee 2, ☏ 056 51/33 88 83, eschwege@knauscamp.de, www.knauscamp.de, Zelt ab € 2,20, Erwachsene ab € 5, Kinder bis 14 Jahre ab € 2,10, Hund ab € 2

ÖPNV nach Hann. Münden, Bad Sooden-Allendorf und Witzenhausen

Vom Eschweger Bahnhof haben Sie sehr gute Zugverbindungen nach Bad Sooden-Allendorf, Witzenhausen und Hann. Münden. Um die beiden letztgenannten Ziele zu erreichen, muss in Eichenberg umgestiegen werden. Die Fahrt nach Hann. Münden dauert zwischen 45 und 60 Min.

In einer Urkunde von Kaiser Otto II. wird Eschwege im Jahr 974 zum ersten Mal erwähnt. Seine Tochter gründete rund 25 Jahre später auf dem Cyriakusberg ein Frauenstift, das bis 1527 existierte. Frauen hatten hier die

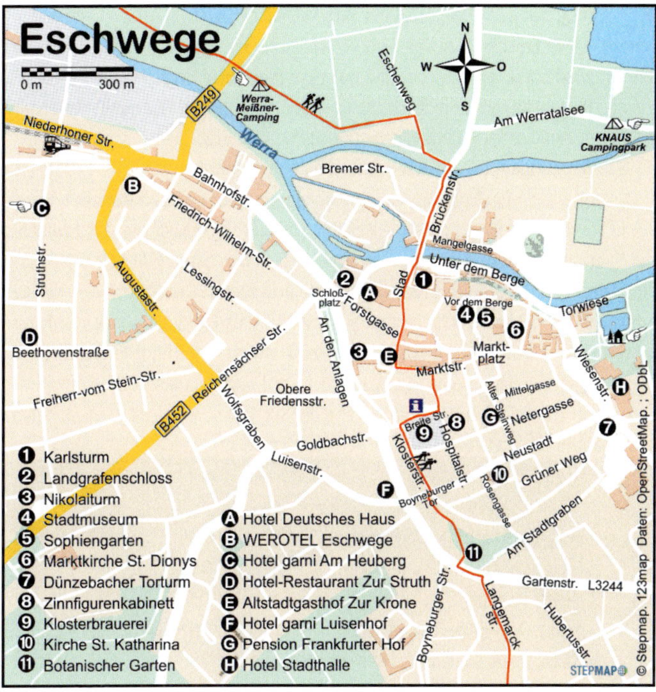

Möglichkeit, in einem weltlichen Stift in religiöser Gemeinschaft zu leben. Im 11./12. Jh. erhielt Eschwege zuerst das Recht, Markt abhalten zu dürfen, dann folgte die Ernennung zur Stadt. Der thüringische Landgraf Balthasar ließ 1386 eine Burg erbauen, die später von hessischen Landgrafen zum Schloss ausgebaut wurde. Ostern 1637, im Dreißigjährigen Krieg, wurde Eschwege geplündert und verwüstet. Die Zerstörungswut machte auch vor Kirchengebäuden nicht halt. Eschwege, das als wichtiger Handelsplatz schon von jeher weit bekannt gewesen war, wurde jedoch neu aufgebaut und konnte erfolgreich an die alte Tradition der Tuch- und Lederherstellung anknüpfen. Spätestens mit dem Anschluss an das Schienennetz 1875 wurde immer stärker industriell produziert.

Landgrafenschloss. Am Ufer der Werra befindet sich das Landgrafenschloss. Die Geschichte des Gemäuers geht bis in die zweite Hälfte des 14. Jh. zurück, als an dieser Stelle mit dem Bau einer Burg begonnen wurde. Im 16. Jh. wurde auf Geheiß der hessischen Landgrafen mit der Erweiterung zu einem Renaissanceschloss begonnen.

Zu Beginn des 17. Jh. wurde der Pavillon-Turm errichtet, der Jahrzehnte später mit einem Fachwerkaufbau versehen wurde. In dieses Türmchen wurde ein Uhrwerk eingebaut; dort bläst seit 1927 der Turmwächter „Dietemann“, die Symbolfigur der Stadt, tagsüber zu jeder vollen Stunde in sein Horn und hält Wache. Der zum Teil aus Fachwerk bestehende Südflügel stammt aus dem Jahr 1755. Seit 1821 ist das Schloss Sitz des Landrats sowie der Kreisverwaltung. Der Schlosshof wurde 1930 durch den Frau-Holle-Brunnen ergänzt.

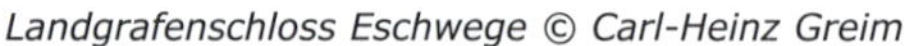

Landgrafenschloss Eschwege © Carl-Heinz Greim

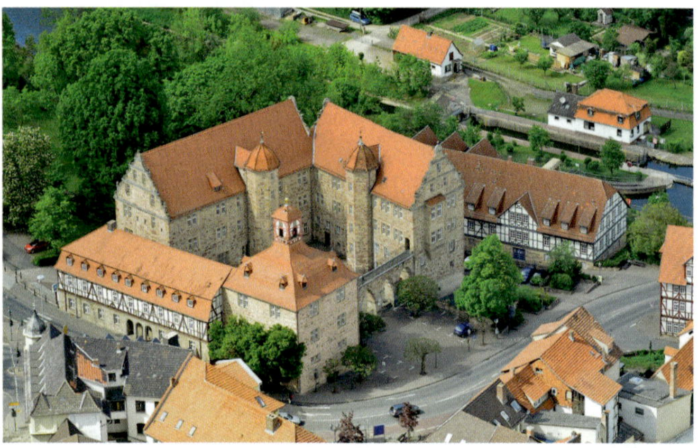

⌘ **Zinnfigurenkabinett.** In der Hospitalstraße 7 gibt es im Zinnfigurenkabinett die Eschweger Stadtgeschichte sowie weltgeschichtliche Begebenheiten zu bestaunen. Rund 12.000 Figuren, darunter die kleinsten der Welt, und 200 Schaukästen zeigen Szenen aus den vergangenen Jahrtausenden.

♦ Mi, Sa, So 14:00 bis 17:00, ☎ 056 51/33 19 85 (Touristinformation)

⌘ **Dünzebacher Torturm.** Der Dünzebacher Torturm ist einziges Überbleibsel der ehemaligen Stadtbefestigung. Im 18. und 19. Jh. diente der Turm als Gefängnis, im Jahre 1657 wurde hier die letzte Eschweger „Hexe" gefangen gehalten.

Historische Stadtführung
© Touristinformation Eschwege

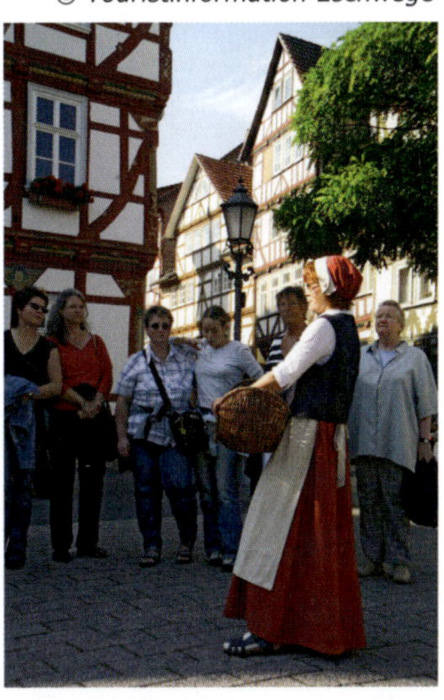

⌘ **Stadtmuseum.** Im Stadtmuseum in der Straße Vor dem Berge 14a sind antike Gegenstände und Trachten der Stadt und des Werralands ausgestellt.

- Apr bis Okt Di, Sa, So 14:00 bis 17:00, ☏ 056 51/33 19 86 (Touristinformation)

Sophiengarten. In unmittelbarer Nähe zum Stadtmuseum befindet sich der Sophiengarten. Das seit dem Dreißigjährigen Krieg unbebaute Grundstück inmitten der Altstadt wurde von verschiedenen Eigentümern als Gartenanlage genutzt. Nachdem sich jahrelang niemand mehr um das Gelände gekümmert hatte, wurde es von der Stadt erworben. Ab 1997 begannen die umfangreichen Arbeiten an dem Garten, der den Namen „Sophia" in Erinnerung an die Gründerin und Äbtissin des Kanonissenstiftes Sophia von Gandersheim trägt. Der Garten ist das ganze Jahr über zugänglich.

Nikolaiturm. Am Nikolaiplatz streckt sich der Nikolaiturm, ein ehemaliger Kirchturm, in die Höhe. Mit dem Bau des Turmes wurde 1455 begonnen. Nach seiner Zerstörung im Dreißigjährigen Krieg wurde er 1733 wieder errichtet und anschließend als Wachturm genutzt. Im Erdgeschoss des Gemäuers befindet sich die einstige Kirchenglocke. Vom Turm bietet sich ein prächtiger Ausblick über die Stadt.

März bis Oktober 10:00 bis 18:00

Marktkirche St. Dionys. Die Marktkirche wurde im 15. Jh. im gotischen Stil erbaut. In die Kirche wurden Teile von Vorgängerbauten integriert, so stammt der Westturm aus dem 13. Jh. Im Chorraum befindet sich eine Gruft, in der der Landgraf Friedrich (1617-1655) sowie Familienangehörige bestattet sind.

täglich 10:00 bis 18:00

Kirche St. Katharina. Die dreischiffige spätgotische Neustädter Kirche wurde als Nachbau der Elisabethkirche in Marburg errichtet. Sehenswert ist die Steinkanzel, die als bedeutendste in ganz Hessen gilt.

täglich 10:00 bis 17:00

8. Abschnitt: Eschwege - Röhrda

ca. 13,3 km, ca. 3 Std. 45 Min., ↑ 521 m, ↓ 415 m, ⇧ 162-481 m

0,0 km	⇧ 162 m	Eschwege
4,4 km	⇧ 269 m	Regener Hütte
8,5 km	⇧ 396 m	Parkplatz Hundsrück
11,6 km	⇧ 468 m	Schiefersteinhütte
13,3 km	⇧ 269 m	Röhrda

Am Ende der Fußgängerzone biegen Sie nach links in die Marktstraße ab. Kurz vor dem Marktplatz zweigt nach rechts die Kleine Hospitalstraße ab,

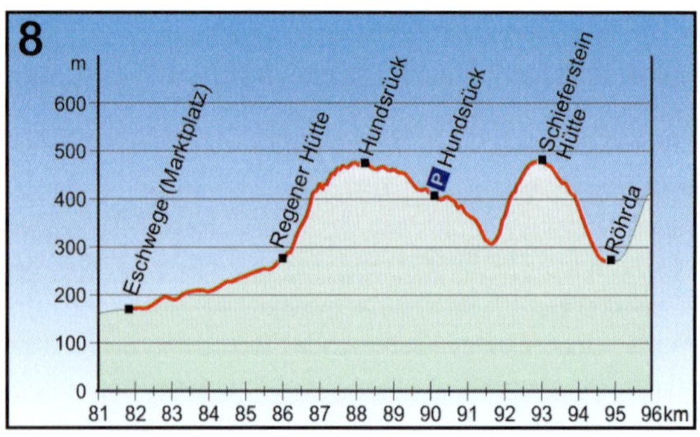

die im weiteren Verlauf in die Hospitalstraße übergeht und bis zum Hospitalplatz führt. Vor Ihnen befindet sich die Eschweger Klosterbrauerei, zur Rechten die Touristinformation.

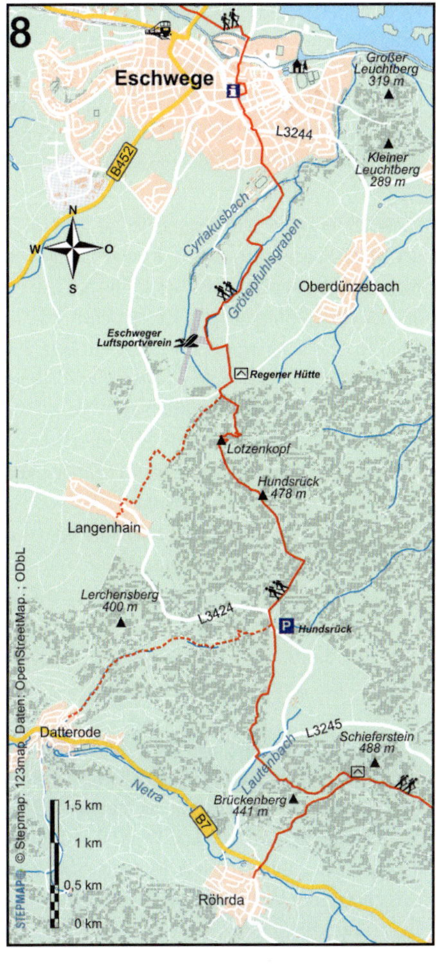

An dieser vorbei folgen Sie der Breiten Straße und schwenken an der nächsten Kreuzung nach links in die Klosterstraße, die Sie zum Botanischen Garten bringt. Nach dem Durchqueren des Parkgeländes kommen Sie zur Gartenstraße (Durchgangsstraße K3244), die Sie überqueren, um Ihren Weg in die Langemarckstraße fortzusetzen. Am Ende des Wohngebietes passieren Sie ein Aus- und Fortbildungszentrum der Bundespolizei. Sobald Sie an dem eingezäunten Gelände vorbei sind, zweigt ein Pfad halb rechts ab. Sie überqueren den Cyriakusbach, dann schwenkt der Weg in einem Bogen nach rechts und Sie wandern entlang der Felder, bis nach etwa 650 m links ein Wiesenweg abzweigt. An der schnell erreichten Wegkreuzung biegen Sie nach rechts auf den befestigten

Weg ab. Immer an einem kleinen Bach, dem Grötepfuhlsgraben, entlang gelangen Sie zum Gelände des Eschweger Luftsportvereins.

Warum nicht auch mal in die Luft gehen? Für einen Rundflug ist man beim Eschweger Luftsportverein an der richtigen Adresse.

♦ ☏ 056 51/139 39, info@elv-esw.de, www.elv-eschwege.de

Nach knapp 200 m biegen Sie vor dem landwirtschaftlichen Anwesen auf den Asphaltweg nach rechts ab und zweigen an der nahen **Regener Hütte** (Schutzhütte) ein weiteres Mal rechts ab. Dann sind es wieder rund 200 m, bis der Werra-Burgen-Steig Hessen nach links abzweigt und Sie sich wenige Schritte weiter an einem nächsten Abzweig links an den in den Wald und nach Röhrda führenden Weg halten. Der Waldweg steigt nun stetig an. Nach dem Queren eines Forstweges biegen Sie auf den nächsten breiten Forstweg nach links ab. Sie folgen dem Weg für ein paar Meter, dann halten Sie sich wieder rechts auf den weiterhin ansteigenden Weg. Im weiteren Verlauf macht der Weg einen scharfen Knick nach links und steigt danach nochmals kräftig hinauf zum Lotzenkopf an. Nachdem Sie kurz darauf nach rechts auf einen Waldweg abgebogen sind, kommen Sie bald an eine große Wegkreuzung, in deren Mitte sich eine Baumgruppe und ein Grenzstein befinden. Jetzt geht es auf dem nach rechts abzweigenden Weg bergab. Auf diesem Abschnitt über den „Gipfel“ des **Hundsrück** kann das Wandern bei feuchter Witterung durch morastigen Boden stellenweise beschwerlich sein.

Dann geht es auf einem breiten Weg nach links weiter. Circa 250 m weiter biegen Sie rechts ab und wandern geradeaus bis zur Landstraße L3224, der Sie dann für etwa 250 m nach links folgen müssen. In Höhe eines Parkplatzes verlassen Sie die Straße geradeaus auf einem Feldweg, der bis zum nahen Waldrand führt. Zunächst geht es nach links ein Stück an diesem entlang, bevor der Weg etwas tiefer in den Wald führt. Sie gelangen an ein paar Fischteiche, überqueren hier die Landstraße L3245 nach links sowie den Lautenbach und haben jetzt einen langen und kräftigen Anstieg zunächst auf einem Asphaltweg, dann auf einem breiten Waldweg vor sich: Auf ca. 1,3 km müssen ca. 160 Höhenmeter bezwungen werden. Dann können Sie an der **Schiefersteinhütte** (Schutzhütte) verschnaufen.

Hier an der T-Kreuzung trifft der X5 H auf den mit X8 markierten Barbarossaweg. Beide Wege führen nach links weiter und verlaufen ein paar Kilometer gemeinsam. Um in **Röhrda** zu übernachten, biegen Sie nun aber auf den nach rechts abzweigenden X8 ab und folgen diesem stetig bergab in den ca. 1,8 km entfernten Ort. Kurz hinter dem Ortseingang befindet sich der Landgasthof Zur Untermühle.

Röhrda

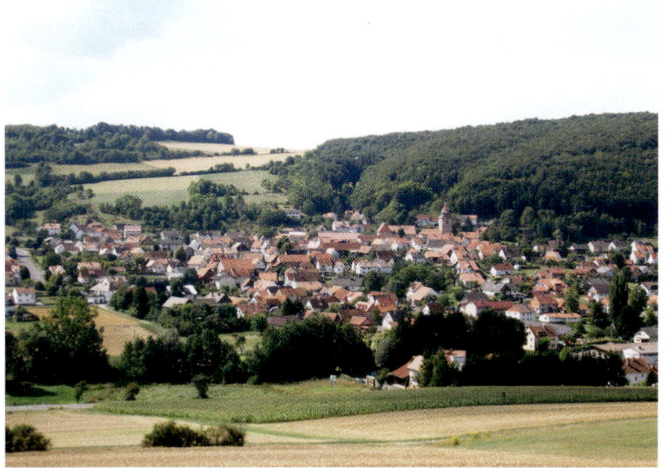

ⓘ Der **Barbarossaweg** ist ein über 300 km langer Fernwanderweg, der durch den Norden von Hessen und Thüringen führt. Er verbindet Korbach im Westen, Frankenau, Bad Wildungen, Fritzlar, Melsungen, Spangenberg, Waldkappel, Wichmannshausen, Röhrda, Treffurt, Heyerode, Mühlhausen, Sondershausen und Bad Frankenhausen mit dem Kyffhäusergebirge, wo er am Kyffhäuser-Denkmal im Osten endet. Er verläuft durch eine abwechslungsreiche Mittelgebirgslandschaft, die in weiten Teilen ihren naturnahen Charakter behalten hat, und berührt zahlreiche noch gut erhaltene mittelalterliche Orte, von denen einige von Kaiser Friedrich I. Barbarossa während seiner Regentschaft besucht wurden.

Im Buch „Barbarossaweg" des Reisejournalisten Hartmut Engel wird der gesamte Wanderweg in einzelnen Etappen beschrieben, die in der Regel zwischen 10 und 20 km lang sind. Die einzelnen Routenbeschreibungen enthalten ausführliche Angaben über den Wegverlauf, über Verkehrsverbindungen, Übernachtungs- und Versorgungsmöglichkeiten sowie Informationen zu interessanten Details aus Natur und Landschaft, Kultur und Geschichte.

📖 **Deutschland: Barbarossaweg**, Hartmut Engel, OutdoorHandbuch Band 245, Conrad Stein Verlag, ISBN 978-3-86686-245-6, € 12,90

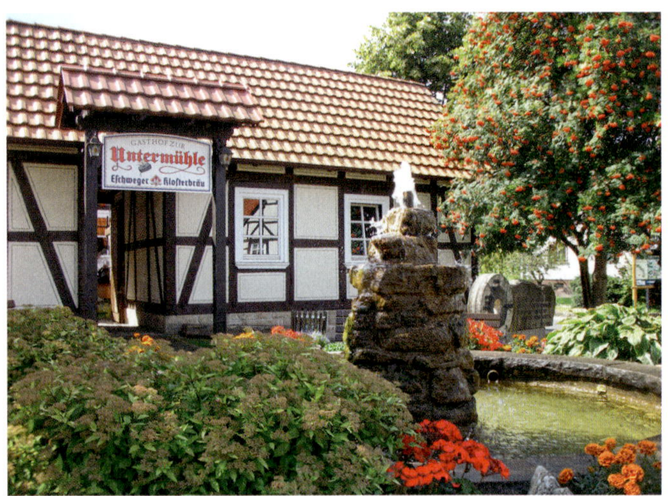

Idyllisch gelegener Landgasthof Zur Untermühle

🛏 **Landgasthof Zur Untermühle**, Dienstheim 1, ☎ 056 59/71 72, ✉ zur-untermuehle@web.de, 💻 www.zur-untermuehle.de, EZ € 45, DZ ab € 65. ✕ Einziges Restaurant im Ort, 🚪 Ruhetage Mo bis Do (für Veranstaltungen und Gruppen nach Absprache geöffnet). ☺ Auf Vorbestellung serviert Ihnen der Inhaber Herr Fernandez eine der köstlichsten Paellas, die es - nicht nur nach Meinung des Autors - gibt!

♦ **Pension Iris**, Ringgaustraße 4, ☎ 056 59/73 24, ✉ info@pension-iris.de, 💻 www.pension-iris.de, EZ ab € 29, DZ ab € 50

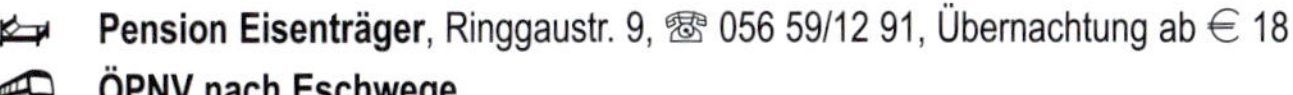

Pension Eisenträger, Ringgaustr. 9, ☏ 056 59/12 91, Übernachtung ab € 18

ÖPNV nach Eschwege

Die Busverbindungen von Röhrda nach Eschwege sind nicht ausreichend. Von Montag bis Freitag gibt es lediglich früh am Morgen und am Vormittag die Möglichkeit, mit dem Bus der Linie 240 nach Eschwege zu kommen, die letzte Fahrt ist gegen 14:00. Am Wochenende und feiertags fahren gar keine Busse (Infos unter www.nvv.de). Taxiunternehmen sind die Alternative, z.B. Taxi Lauterbach in Eschwege, ☏ 056 51/35 65.

Ab hier werden die offiziellen drei Abschnitte zu zwei Abschnitten zusammengefasst. ☞ Der Weg im Überblick.

9. Abschnitt: Röhrda - Altefeld

ca. 16,4 km, ca. 4 Std. 30 Min., ↑ 528 m, ↓ 402 m, ⇧ 269-505 m

0,0 km	⇧ 269 m	Röhrda
1,7 km	⇧ 468 m	Schiefersteinhütte
3,8 km	⇧ 487nm	Naturschutzgebiet Graburg
5,7 km	⇧ 470 m	Erika-Hütte
11,6 km	⇧ 354 m	Rittmannshausen
13,4 km	⇧ 304 m	Lüderbach (Pilgerherberge) ⌘
16,4 km	⇧ 395 m	Altefeld

Am Ortsrand von Röhrda queren Sie die Bundesstraße B7 und folgen den **ARS NATURA**-Holzwegweisern bergauf.

ⓘ Wer könnte das in seiner Form europaweit wohl einzigartige Projekt ARS NATURA besser vorstellen als die Initiatoren und Künstler selbst:

„Die Natur als ganz entspannter Film, begleitet von Vogelgezwitscher, ohne schnelle Schnitte, ohne Action - man sitzt da, plaudert, vielleicht beim Picknick, der Film läuft, die Wolken ziehen vorbei. Nach einer Weile gehen wir weiter. „Cinema Natura" ist ein Werk auf dem ARS NATURA, der Kunst an zwei Fernwanderwegen bietet - und was diese Arbeit von Lucia Lippert in uns bewegt, trifft auf die meisten der 300 weiteren Kunstwerke am Wegesrand zu - sie erzählen Geschichten, lösen Fantasien aus, tragen anregend zur Entspannung bei.

ARS NATURA

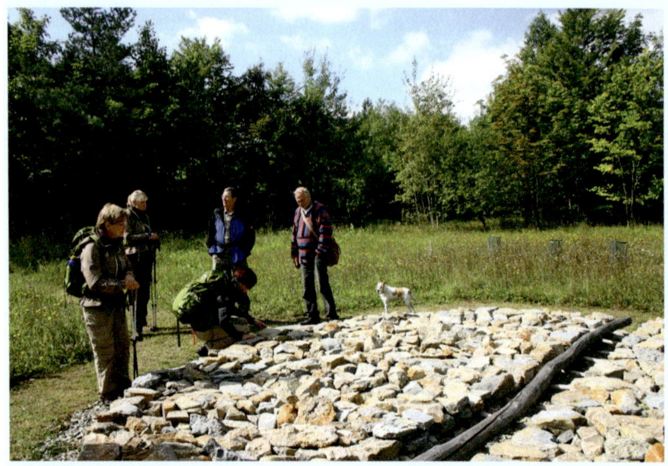

Liebe Kunst- und Wanderfreunde, die künstlerischen Leiter und Vorstandsvorsitzenden der ARS NATURA Stiftung, Dr. Karin Lina Adam und Sandrino Sandinista Sander, möchten Sie herzlich zum Erwandern einer einmaligen Kunstgalerie in nordhessischer Natur einladen. Im Zeitraum von 2001 bis 2012 haben wir bereits auf etwa 240 Kilometern der Fernwanderwege X8, Barbarossaweg, und X3, Wildbahn, zwanzig Teilstrecken mit insgesamt rund 300 Kunstwerken eröffnet. Späteres Ziel ist es, Kunstwandern von Korbach bis zum Kyffhäuser und von Höxter nach Bad Brückenau zu ermöglichen.

Viele regional, national, international tätige Künstlerinnen und Künstler konnten wir für unsere ARS NATURA-Idee gewinnen. Sowohl für das Voranschreiten als auch für die Nachhaltigkeit setzt sich seit 2005 unsere ARS NATURA-Stiftung ein. Klar ist natürlich auch, dass eine innovative Idee, deren Umsetzbarkeit sich bereits auf 240 Kilometern gezeigt hat, die Landschaft und Kunst, Fantasie und Regeneration im Sinne von Entschleunigung vereint, nur durch breite Unterstützung nicht nur der Entscheidungsträger vor Ort, sondern prinzipielle Offenheit verwirklicht werden kann.

Die weitestgehend aus ökologischen Materialien hergestellten künstlerischen Arbeiten sind thematisch bewusst natur- und ortsbezogen; sie kommen durch ihre jeweils spezifische landschaftliche Umgebung besonders zur Geltung. Im Gegensatz zur Enge der Museen ist hier im „Galerieraum Natur" die landschaftsbezogene Streuung das künstlerische Präsentationsprinzip. Es gibt viel zu entdecken am Wegesrand, das können wir versprechen.

Die übergeordnete Motivation des Projektes ARS NATURA ist der Gedanke der unmittelbaren Naturverbundenheit der Kunst. Die künstlerischen Arbeiten treten in Dialog mit ihrer Umgebung, sie erweitern den für sie ausgewählten Platz mit einer Idee. Nicht Benutzung, sondern kreative Ergänzung und Kommentierung der Natur stehen im Vordergrund.

Folgende Motive schließen sich an:

- ▷ Mit Kunst in der Landschaft bedeutende Orte und Spuren der Geschichte menschlichen Lebens wiederzubeleben.
- ▷ Über das Erlebnis des Wanderns und Radfahrens das Gefühl für Vielfalt und Weite von Natur und künstlerischen Ideen zu aktivieren.
- ▷ Durch ausgewählte Standorte der Kunstwerke die Schönheit und Vielfalt von Natur und Region zu verdeutlichen.
- ▷ Den Zusammenhang von Kultur und Natur konkret erfahrbar zu machen.
- ▷ Erholung und Anregung im Zusammenspiel von Kunst und Natur zu ermöglichen und zur Entschleunigung beizutragen.
- ▷ Länder und Regionen verbindende künstlerisch-kulturelle Impulse zu geben, denn das ARS NATURA-Projekt wird vier Bundesländer verbinden.

Im Werra-Meißner-Kreis gibt es auf den X8-Teilstrecken Hessisch-Lichtenau und Waldkappel märchenhafte Werke unter dem Motto „Zauberwälder - im Reich der Frau Holle". Und im Ringgau, von Röhrda bis zum Dreiherrenstein und über die thüringische Grenze hinaus, ist eine Strecke mit besinnlich-sinnreichen Werken der Wiedervereinigung gewidmet.

Wir wünschen Ihnen spannende Erlebnisse und anregende Erholung mit der Kunst am Wanderweg in unserer wunderschönen nordhessischen Landschaft.

Dr. Karin Adam, Sandrino Sandinista Sander

ARS NATURA Stiftung

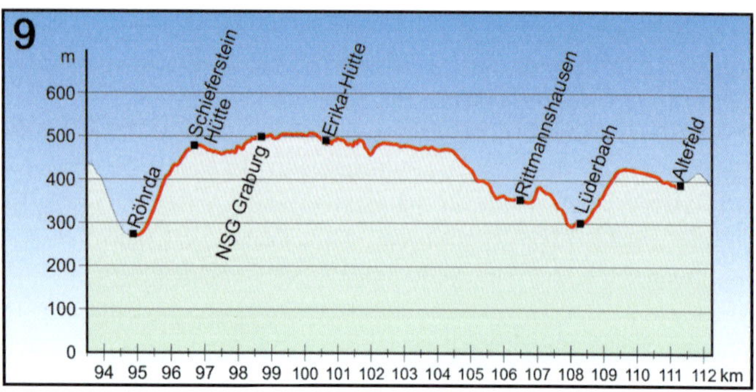

Es dauert nicht lange und Sie treffen auf das Werk der Künstlerin Barbara Magdalena Neuhäuser mit dem Titel „SEIN - ZWEI SEIN - EINS SEIN - GANZ WERDEN“:

ⓘ „Aus der Zweiheit in die Einheit … aus dem Abgetrennt sein in die Ganzheit und damit Vollkommenheit.“ Die Künstlerin interpretiert die Wiedervereinigung nicht in erster Linie politisch, sondern universell mit romantischen Anklängen im Sinne von Novalis als Verschmelzungssehnsucht, Vereinigung der Seelen, Aufgehen ineinander, im Universum, im Kosmischen, Auflösen von Raum und Zeit … (Barbara M. Neuhäuser). In der Sandsteinskulptur mit bewusst offener, atmender Oberflächenstruktur wird die Dualität in der Senkrechten sichtbar gemacht, die Dreiteilung als kosmisches Prinzip in der Horizontalen.

Auf gesellschaftlich politische Ebene gebracht, hat sich 1989 in Ostdeutschland Verschmelzungssehnsucht in der Wandlung der massenhaften Forderung nach Demokratie „Wir sind das Volk“ nachdrücklich zum Ruf „Wir sind e i n Volk“ gezeigt.

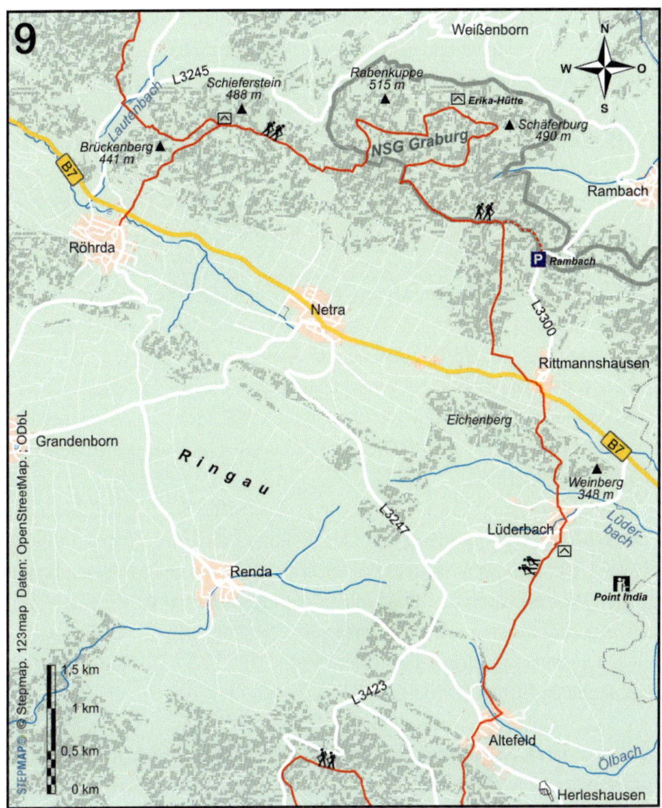

Kurz darauf präsentiert der Kemptener Markus Elhardt seine Gedanken zum Thema Wiedervereinigung mit dem Titel „Getrennt - Vereint“:

ⓘ Aus einer abstrahierten menschlichen Figur werden zwei - oder auch umgekehrt, fragmentarisch, unfertig, brüchig wirkend. Die Plastik symbolisiert den nicht reibungslosen Prozess der Wiedervereinigung, problematisiert, fordert zur Auseinandersetzung auf. Die Entstehung des Werks vollzieht Geschichte nach. Aus dem Stahl wurde vom Künstler die Figur geschmiedet, zerschnitten und wieder zu etwas Neuem zusammengeschweißt, das bewusst Brüche, Unvollständiges zeigt.

An der Kreuzung kurz vor der **Schiefersteinhütte** erreichen Sie wieder den Werra-Burgen-Steig Hessen. Gemeinsam mit dem ARS NATURA und dem Barbarossaweg X8 weist die Markierung X5 H nach rechts. Inmitten des Waldes stoßen Sie auf „Das Et-Zeichen" der Künstlerin Serine Weiner:

ⓘ „Das Et-Zeichen symbolisiert Einheit, aber auch eine vorhergehende Teilung zwischen zwei Dingen. So sprach man von Ost- u n d Westdeutschland. Nach der Wiedervereinigung fiel dieses Et-Zeichen weg und man sprach von einem geeinten Deutschland. Der Gedanke ist, dass man das Zeichen nun nicht mehr benötigt; es ist in diesem Kontext nur noch eine Erinnerung oder ein Überbleibsel." (Serine Weiner). Ganz allmählich wird das Zeichen verwittern.

Nach etwa 700 m haben Sie den Waldrand an einer großen Lichtung erreicht. Es sind jeweils nur ein paar Schritte, bis Sie zunächst dem abzweigenden Weg erneut in den Wald folgen und dann wieder nach rechts abbiegen. An der nächsten Kreuzung halten Sie sich links und stehen gleich darauf vor einem Taubenhaus. Geschaffen wurde das Werk „Der Brief" von den Künstlerinnen Bianca Gabriel und Julia Wandel:

ⓘ Die Jahrhunderte alte Tradition der Brieftaubenzucht wird heutzutage nur selten aus einer Notwendigkeit heraus betrieben, während es früher Situationen gab, in denen das Schicksal ganzer Länder vom Verhalten eines einzigen Tieres abhängig sein konnte. Aufgrund ihrer Größe und ihrer Unauffälligkeit am Himmel diente die Taube zur Aufrechterhaltung grenzüberschreitender Kommunikation. Heute scheint es undenkbar, sich auf diese Art der Nachrichtenübermittlung zu verlassen - digitale Medien gelten allgemein als verlässliche schnelle Vermittlungsmöglichkeit.

„Unsere Absicht ist es, mit dem Bau eines Taubenhauses auf dem ehemaligen Grenzweg zwischen Ost und West eine Reminiszenz zu schaffen. Sie gilt dem anachronistischen Wesen der Brieftaube und bildet sogleich mit ihrem Dach, das pfeilförmig nach oben zeigt, einen Verweis auf den Himmel als einen nie komplett kontrollierbaren Raum.

Auf fünf Ringe verteilt, von fünf Tauben getragen, fliegen vom Taubenhaus aus folgende Zeilen von Sarah Kirsch durch die Lüfte:

Alles ist/ frei erfunden/ und jeder Name/ wurde verwechselt."

(Bianca Gabriel/Julia Wandel, Hamburg 2011)

Rund 25 m nach dem „Taubenhaus" heißt es nach rechts abbiegen und kurz darauf dem Wegverlauf nach links folgen. Sie befinden sich nun im Naturschutzgebiet Graburg. Nach ca. 600 m führt der Werra-Burgen-Steig Hessen scharf nach rechts.

Der Weg verläuft schnurgerade und bald halten Sie auf eine Kreuzung mit einem gut sichtbaren Hochsitz zu. Nachdem Sie links abgebogen sind, werden Sie bald von Oliver Seegers „Kokon" begrüßt:

ⓘ „Grundsätzlich lässt sich sagen, dass die Entwicklung Deutschlands gewisse Parallelen zur Evolution eines Schmetterlings aufweist. Deutschland, zu Zeiten der Teilung, befand sich symbolisch betrachtet in einer Art Kokon; eine Zeit der Gefangenschaft und Wehrlosigkeit, aber auch eine Zeit der Entwicklung und Vorbereitung. Die anschließende Wiedervereinigung lässt sich in diesem Sinne als Schmetterling interpretieren, der als großes emotionales Ereignis die nächste Phase einleitete. … Irgendwann ist der Punkt erreicht, an dem man ausbrechen will und sich über seine Grenzen hinwegsetzt. Im Falle Deutschlands hieß dieses Ereignis „Wiedervereinigung"" (Oliver Seeger). Auch die Assoziation mit einer sich öffnenden Eichelschale, die die gehaltvolle Frucht frei gibt, ist möglich.

Setzen Sie Ihre Wanderung nach rechts zur gut 300 m entfernten Erika-Hütte fort. Die Schutzhütte ist ein perfekter Ort für eine Rast; von den Sitzbänken an der steilen Abbruchkante blicken Sie direkt auf das tief unten im Tal liegende Weißenborn. Weiter geht es zum „T" von Wiebke Schoon:

ⓘ Ein überdimensionaler Teebeutel lädt zum gemeinsamen „Pause machen" ein. Er symbolisiert das Zusammentreffen und Austauschen bei einem Teezeremoniell. Denkbar wäre der Anlass der Zwei-plus-Vier-Verhandlungen, denen eine gemeinsam genossene Tasse Tee die notwendige Ruhe und Gelassenheit gegeben haben könnte.

Hier treffen Sie auf einen Pfad, dem Sie nach rechts, vorbei an einem Grenzstein, bis zum nächsten Werk folgen. „Maistrommeln für Tiere und Menschen VIII" stammt von der heimischen (Spangenberg) Künstlerin und Mitbegründerin der ARS NATURA-Stiftung Karin Lina Adam:

ⓘ Die geöffnete Maistrommel kann im Winter zur Fütterung der Tiere des Waldes genutzt werden. Vom Frühjahr bis in den Herbst hinein ist die Trommel naturkommunikativ einsetzbar. Die Ornamentierung ist inspiriert von Kulturen, überwiegend Indonesiens, in denen Menschen und Tiere noch enger und selbstverständlicher zusammenleben und die Achtung gegenüber den Tieren und der gesamten Natur das Alltagsleben prägt. Bei den Toba Batak auf Sumatra erläutern die drei Farben den Aufbau der Welt: Schwarz für die Unterwelt, Rot für die Welt der Lebenden, Weiß für die Sphäre der Naturgeister. Im Kontext einer Wiedervereinigung ist an das Bewusstsein der Einheit von Mensch und Natur zu denken, denn tatsächlich sind doch auch wir Natur. Die Trommel gehört zu einem Band von Maistrommeln entlang des Barbarossaweges, ist somit ein Serienwerk. Natürlich sollten sich nur im ganz harten Winter auch Wanderer aufgefordert fühlen, zur Fütterung der Wildtiere beizutragen.

Kurz nach der Maistrommel führt Sie die X5 H-Markierung in einem Kreuzungsbereich an einem Hochsitz und einem auffällig einzeln stehenden Baum vorbei. Dann geht es scharf links bergab bis zu einer nächsten Kreuzung, an der Sie sich abermals links halten (nicht den scharf abzweigenden Weg nehmen!). Nach etwa 150 m geht es an der Kreuzung nach links weiter, wo bereits „Die Architekten" auf Sie warten. Das Werk schuf Jochen Guinand aus Kaufungen:

ⓘ Zwei menschliche Figuren, weiblich und männlich, miteinander verschmolzen und gleichzeitig in entgegengesetzte Richtungen schauend, tragen einen Gegenstand - vielleicht den Aufbau des vor zwanzig Jahren neu entstandenen Staates und seiner Gesellschaft, vielleicht aber auch - weitergreifend - die ambivalente Gestaltung der menschlichen Welt. Die Figuren bzw. die Figur ist manieristisch überlängt, die Gesichtszüge sind - typisch für den Duktus des Künstlers - androgyn gestaltet.

Wiederum nur ein paar Minuten später hat Hama Lohrmann auf einer Waldlichtung seinen „Ringgau-Kreis“ ausgebreitet:

ⓘ Die in der Natur hergestellten Werke des Künstlers bestehen grundsätzlich und ausschließlich aus Naturmaterialien der näheren Umgebung des jeweiligen Standortes. Die beiden Kreishälften bestehen aus Kalkstein aus dem Steinbruch zwischen Röhrda und Weißenborn, die die Hälften verbindenden Äste aus der unmittelbaren Umgebung der Waldwiese. „Der Kreis bringt die Geschlossenheit und die Harmonie im ewigen Kreislauf des Werdens und Vergehens zum Ausdruck. Kleine Brüche im Gleichklang des Ganzen, wie zum Beispiel die absurde deutsch-deutsche Grenze, sind in ihrer Dauer erdgeschichtlich bedeutungslos. Die nivellierende Kraft der natürlichen Entropie überwindet derartige kleine Verwerfungen in kurzer Zeit.“ (Hama Lohrmann)

Zur Rechten wird der Wald von einer bis an den Weg heranreichenden Ackerfläche unterbrochen. Sie passieren einen Hochsitz und biegen kurz danach auf den kreuzenden Weg nach links in Richtung Heldrastein ab. Ein paar Meter abseits des Weges blickt der „Waldläufer“ über Sträucher und Büsche:

ⓘ Bei dem Begriff der Wiedervereinigung denkt Jördis Samland an die Einheit von Mensch und Natur, Natur und Mensch, symbolisiert im Verwandlungsprozess des Waldläufers, der aus Holzsplittern des Waldes zusammengesetzt ist. Die Schichten aus Holz sind formgebend angeordnet, der natürliche Wuchs eines Menschen gibt die Grundform vor. J. Samland wollte eine mahnende Figur schaffen, die den Menschen an den Ursprung bzw. an die Natur erinnert.

Nach ca. 130 m trennen sich an der Kreuzung der ARS NATURA und der Werra-Burgen-Steig Hessen. Der ARS NATURA (und damit auch der Barbarossaweg X8) führt weiter geradeaus bis zum knapp 700 m entfernten Wanderparkplatz Rambach an der Landstraße L3300. Der Werra-Burgen-Steig Hessen zweigt nach rechts ab und führt auf etwa 1,5 km Länge kontinuierlich durch den Wald bergab. Sobald Sie den Wald verlassen haben, wandern Sie über den nach links abzweigenden Wiesenweg, halten sich an der nächsten T-Kreuzung rechts und gelangen nach **Rittmannshausen**.

☝ In Rittmannshausen gibt es keine Einkehr- und Übernachtungsmöglichkeit; zum Übernachten (🚗 Hol- und Bringdienst) ☞ Röhrda, Grandenborn, Datterode. 🚌 Die Buslinie 240 fährt von Montag bis Freitag tagsüber mehrmals ohne Unterbrechung in weniger als 30 Min. zum Bahnhof Herleshausen. Darüber hinaus gibt es weitere Busverbindungen, für die aber deutlich mehr Zeit eingeplant werden muss. Samstags gibt es ausschließlich drei Verbindungen mit der Linie 240 (18 Min.), sonntags muss auf ein Taxi zurückgegriffen werden - Taxi (Herleshausen), ☏ 056 54/770.

Entlang der durchs Dorf verlaufenden Bundesstraße B7 gehen Sie an einer Bushaltestelle vorbei und biegen dann rechts in die Straße Schalkenberg ab. Die Straße geht in einen Feldweg über, führt an einem Grillplatz vorbei und leicht ansteigend in den Wald. An der baldigen T-Kreuzung schwenken Sie nach links und halten sich nach etwa 75 m wieder rechts. Bald darauf gabelt sich der Weg und das Zeichen X5 H weist Sie links den Berg hinunter bis zu einem Feldweg. Diesem folgen Sie ein kurzes Stück nach links, Sie stoßen dann auf einen asphaltierten Wirtschaftsweg, über den Sie nach Lüderbach gelangen.

ⓘ Auf dem kurzen Wegstück bis zur Durchgangsstraße sind Sie auch auf dem **Elisabethpfad** unterwegs. Im Juni 2007 wurde dieser Weg anlässlich des 800. Geburtstages der heiligen Elisabeth eingeweiht. Der rund 200 km lange Weg beginnt im thüringischen Eisenach und führt zur Elisabethkirche in Marburg/Lahn in Hessen. Diese beiden Städte gelten zusammen mit der an der Werra liegenden Creuzburg als die wichtigsten Stationen im Leben Elisabeths. Der Wegverlauf orientiert sich über weite Strecken an der mittelalterlichen Handelsstraße „durch die langen Hessen", die zu jener Zeit eine bedeutende Reiseroute von Frankfurt/M. bis in die Nähe von Eisenach war. Als Elisabeth im Jahre 1227 die Wartburg verließ, führte sie der Weg nach Marburg auch durch das Werratal.

📖 **Deutschland: Elisabethpfad**, Thorsten Hoyer, OutdoorHandbuch Band 255, Conrad Stein Verlag, ISBN 978-3-86686-255-5, € 9,90

☺ So klein **Lüderbach** auch ist, es gibt erstaunlich viel zu entdecken. Bemerkenswert ist die kleine, aus dem 14. Jh. stammende Dorfkirche mit ihrem spätgotischen Flügelaltar und einzigartiger Schnitzplastik. Das aus der Mitte des 16. Jh. stammende Schloss befindet sich heute in Privatbesitz, eine Besichtigung ist nicht möglich. Am östlichen Ortsrand thront auf einem Hügel eine markante Grabpyramide: Ruhestätte von Adam Friedrich von Capella(n) und seiner Schwester Friederica.

Grabpyramide in Lüderbach

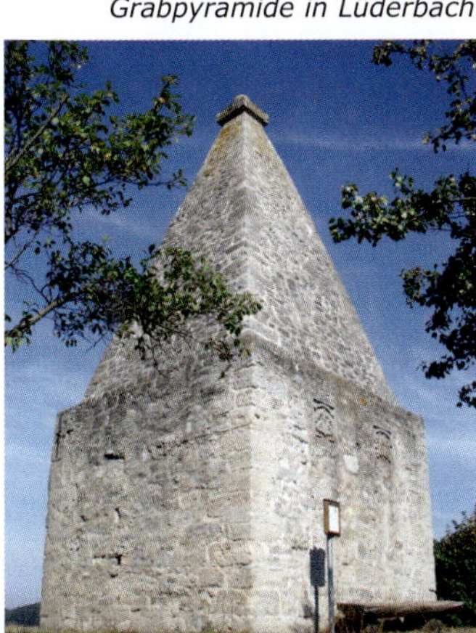

Im evangelischen **Dorfgemeinschaftshaus** in der Eichenbergstraße 12 kann übernachtet werden (Pilgerherberge). Anfragen an Frau Rudolph, ☎ 056 59/13 33, info-luederbach@t-online.de

An der ersten Kreuzung im Ort halten Sie sich links, wandern an der Kirche vorbei und biegen an der Durchgangsstraße (Bushaltestelle Altefelder Straße) nach rechts ab. An einer Schutzhütte geht der Weg Am Rain nach links ab, dann halten Sie sich am Haus Nr. 2 gleich wieder rechts. Sie wandern dicht am Dorfrand entlang bis zu einem einzelnen Haus, an dem Sie links auf den befestigten Weg abbiegen. Nach ca. 150 m müssen Sie sich erneut links halten, dann wird ein breiter Wirtschaftsweg gequert, um dem weiter ansteigenden Feldweg zu folgen.

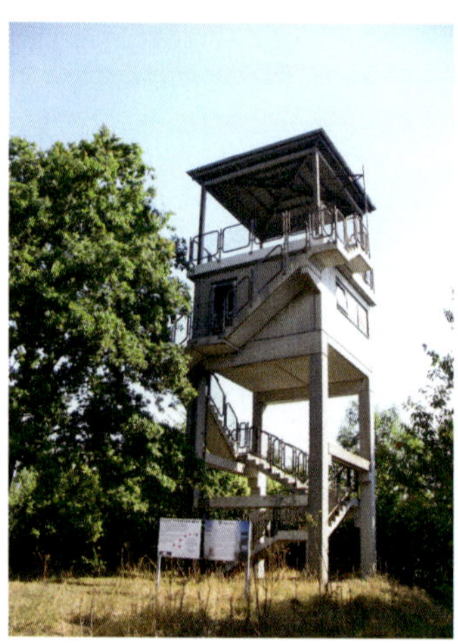

Point India

Wenn Sie auf den Wirtschaftsweg nach links abbiegen, können Sie einen Abstecher (etwa 900 m einfache Strecke) zum **Point India**, einem Beobachtungsturm aus Zeiten des Kalten Krieges machen. Vom Aussichtsturm lässt sich der ehemalige Grenzverlauf, das heutige Grüne Band, sehr gut ausmachen.

Am Ende des Feldweges halten Sie sich auf dem querenden Weg links und wandern links der Hecke eine Wiese hinauf. Auf der Höhe angekommen, kann der Blick ungehindert über die weiten Wiesen und Felder schweifen. Es geht weiter geradeaus, vorbei an einer großen Feldscheune und bald leicht abwärts. Der Weg macht einen Linksbogen und führt am Bächlein nach links in das Dorf **Altefeld**. Über die Heidelbergstraße kommen Sie zur St.-Georg-Straße (Durchgangsstraße), in die Sie nach links einbiegen. Nur wenige Schritte sind es noch bis zur Kirche und zur Bushaltestelle. In Altefeld müssen Sie sozusagen vom Werra-Burgen-Steig Hessen „aussteigen", da es hier keine Übernachtungsmöglichkeit mehr gibt! Das nur wenige Schritte entfernt liegende Hotel St. Georg hat den Betrieb eingestellt. Als Gastgeber stehen Ihnen aber der ca. 12 km entfernte „Fasanenhof" bzw. „Der Teichhof" (ca. 8 km) zur Verfügung - die Inhaber holen Sie gerne ab und bringen Sie am nächsten Tag wieder zum Ausgangspunkt zurück!

Übernachten in **Datterode**: **Landhotel Fasanenhof**, Hasselbach 28, 37296 Ringgau-Datterode, ☏ 056 58/13 14, info@fasanenhof-landhotel.de, www.fasanenhof-landhotel.de, EZ ab € 40, DZ ab € 60, Ruhetag Mo

♦ Übernachten in **Grandenborn**: **Der Teichhof**, Am Teich 5, 37296 Ringgau-Grandenborn, ☏ 056 59/810 und 921 30, webmaster@derteichhof.de, www.derteichhof.de, Ferienwohnungen € 38 pro Person inkl. Frühstück.

Die Gaststätte hat montags geschlossen. Ob Brot aus Natursauerteig, Blechkuchen, Apfelsaft oder die weit über die Grenzen hinaus bekannte Ahle Wurscht - hier kommt alles frisch aus einer Hand!

Aber auch die Ihnen eventuell bereits bekannte „Untermühle" im ca. 5,5 km entfernten Röhrda bietet einen Hol- und Bringdienst an!

Übernachten in **Röhrda**: **Landgasthof Zur Untermühle**, Dienstheim 1, 37296 Ringgau-Röhrda, ☏ 056 59/71 72, zur-untermuehle@web.de, www.zur-untermuehle.de, EZ € 45, DZ ab € 65, Ruhetage Mo bis Do (Restaurant)

ÖPNV nach Herleshausen

Ab der Haltestelle „Altefeld Ort" fährt die Buslinie 240 von Mo bis Fr mehrmals täglich nach Herleshausen (Fahrzeit zwischen 8 und 17 Min.). Samstags fährt der Bus um 15:04 und 19:04 ab. Sonntags bestehen keine Verbindungen. Taxi (Herleshausen): ☏ 056 54/770

10. Abschnitt: Altefeld - Tannenburg/Nentershausen

ca. 22,5 km, ca. 5 Std. 30 Min., ↑ 612 m, ↓ 732 m, ⇧ 284-451 m

0,0 km	⇧ 395 m	Altefeld
2,7 km	⇧ 423 m	Ruine Brandenfels
5,7 km	⇧ 299 m	Landhotel Hohenhaus
15,3 km	⇧ 333 m	Blankenbach
21,2 km	⇧ 351 m	Tannenburg
22,5 km	⇧ 299 m	Nentershausen (Marktplatz)

Vorbei an Kirche und ehemaligem Hotel verlassen Sie die Straße St. Georg kurz nach der Kurve und wechseln nach links auf den am Waldrand entlangführenden Weg. An der Kreuzung laufen Sie auf dem Weg zunächst nach rechts bergab, nach etwa 80 m müssen Sie sich dann erneut rechts halten, um dem Pfad weiter abwärts bis zu einem Weg zu folgen. Hier setzen

Sie die Wanderung nicht auf dem Weg fort, sondern steigen halb links den steilen Pfad hinunter. Nach dem Verlassen des Waldes erreichen Sie **Markershausen**.

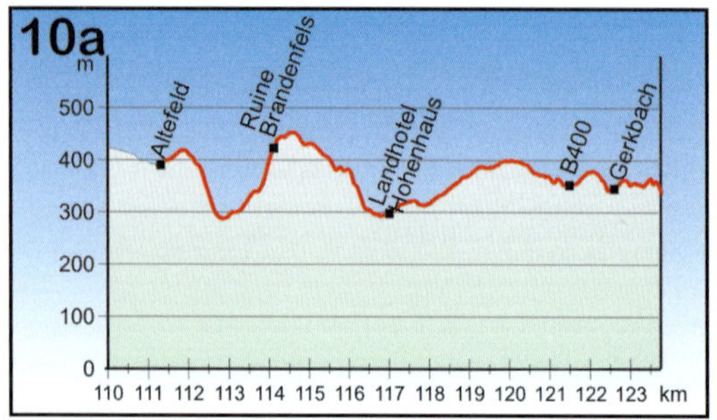

☺ In dem kleinen Dorf Markershausen rückt die Freiwillige Feuerwehr nicht nur im Falle eines Brandes zum Einsatz aus, darüber hinaus löscht sie auch Durst und Hunger durchziehender Wanderer! Dies wird Wandergruppen zuteil, die den bemerkenswerten Service rechtzeitig unter ☎ 056 54/238 oder 334 95 53 anmelden.

Im Ort passieren Sie eine mit Holzschindeln verkleidete Kirche und gelangen zur Durchgangsstraße (Brandenfelsstraße), der Sie geradeaus in Richtung Nesselröden folgen. Links von Ihnen erstreckt sich eine parkähnliche Anlage mit prächtigem Wohnhaus - das ehemalige Rittergut Markershausen. Nach der Bushaltestelle zweigt links die Straße Tonkaute ab. Hier hinauf führt Sie der Weg am Friedhof sowie einigen Felder entlang bis auf eine Anhöhe, die von einer Sitzbank „gekrönt" wird. Direkt vor der Bank biegen Sie auf den Weg nach rechts ab und folgen ihm für ca. 150 m. In der Kurve verlassen Sie den Weg nach rechts und wandern zum nahen Waldrand, wo ein steil ansteigender Pfad hinauf in den Wald führt. Nach gut 200 m verlassen Sie den gut sichtbaren Pfad und schwenken nach rechts auf einen sehr schmalen naturbelassenen Pfad, der mitunter etwas schwer auszumachen ist und ein wenig Trittsicherheit erfordert. Nach etwa 70 m erheben sich vor Ihnen die Mauerreste der Ruine Brandenfels.

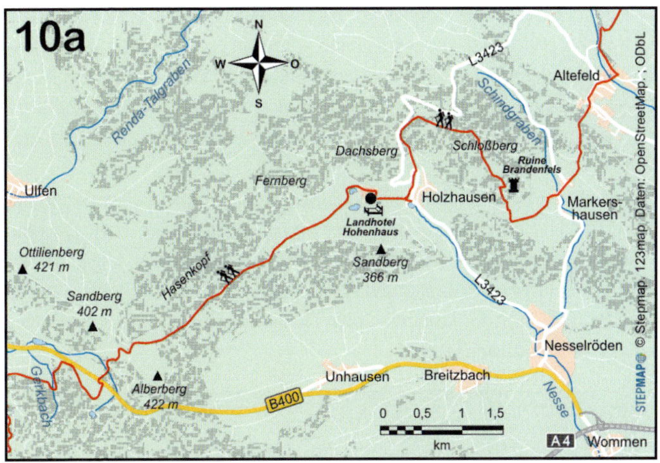

Geschichtlich ist kaum etwas über die **Ruine Brandenfels** überliefert. Vermutlich stammt die Burg aus dem 13. Jh. Als sicher gilt, dass sie ab Mitte des 16. Jh. vom Adelsgeschlecht derer von Buttlar bewohnt wurde. Irgendwann im 17. Jh. wurde die Burg aufgegeben und ist seitdem sich selbst überlassen.

Vor der Ruine knickt der jetzt wieder bequem zu laufende Pfad nach links weg. An der folgenden Weggabelung halten Sie sich rechts, nach ca. 200 m dann auf dem Weg links, und erreichen in Kürze eine Kreuzung. Erneut biegen Sie nach links ab, der Weg führt bis zum Waldrand stetig sanft abwärts und trifft hier auf eine Kreuzung. Sie wählen den ganz rechts abzweigenden Weg, der Sie nach dem Queren der Landstraße entlang des Ortsrandes von **Holzhausen** zur 1915 erbauten Dorfkirche führt. Parallel zum gepflasterten und von Bäumen flankierten Zufahrtsweg wandern Sie zum Landhotel Hohenhaus, einem ehemaligen Rittergut aus dem 16. Jh.

Hotel Hohenhaus, ☏ 056 54/98 70, hohenhaus@relais.com, www.hohenhaus.de, EZ ab € 135, DZ ab € 210 (zzgl. Frühstück € 20 pro Person). First-Class-Hotel mit sterneprämierter Küche!

Unmittelbar vor der Toreinfahrt zum Hotel folgen Sie dem Wegverlauf nach rechts und gleich darauf nach links vorbei an einigen Wirtschaftsgebäuden. Zur Rechten fällt ein ansehnliches Fachwerkgebäude mit Turm ins Auge. Ein paar Schritte weiter halten Sie sich an der Weggabelung links und wandern auf dem befestigten Weg mit Blick über Wiesen und Felder sanft aufwärts.

Auf der Höhe und damit am Waldrand angekommen gehen Sie weiter geradeaus und wandern auf dem eben verlaufenden breiten Forstweg rund 1,6 km durch den Wald. Nachdem Sie diesen verlassen haben, folgen Sie der Markierung in einen Wiesengrund. Gegenüber von einem Trafohaus zweigt ein Weg nach links ab, kurz nach dem Überqueren eines Baches stehen Sie vor der Bundesstraße B400.

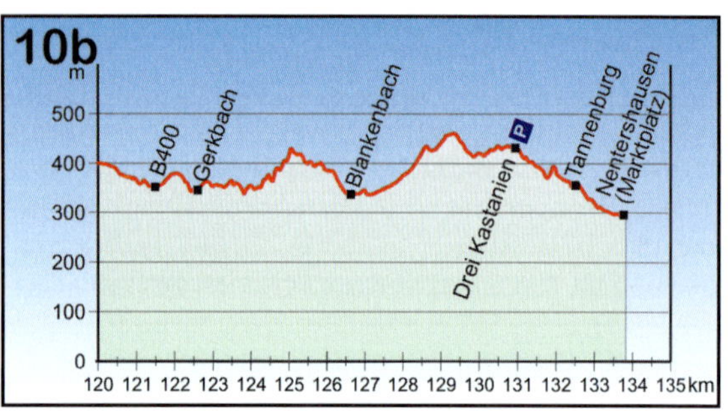

Auto- und Lkw-Fahrer werden an der Bundesstraße nicht auf kreuzende Fußgänger hingewiesen, daher müssen Sie besonders große Vorsicht walten lassen. Für Fußgänger ist die Straße in beide Richtungen zwar einsehbar, sicherheitshalber sollten Sie aber erst dann gehen, wenn sich kein Fahrzeug mehr in Sichtweite befindet!

Auf der gegenüberliegenden Seite setzt sich der Weg nach links fort und führt an Feldern vorbei zum Wald. Dem Waldrand nach rechts folgend biegen Sie nach rund 600 m - das Ende des Waldes ist bereits in Sicht - nach links ab und durchqueren das schmale Waldstück. Hier haben Sie den Gerbachsgrund mit dem Gerkbach erreicht und wandern auf dem bequemen

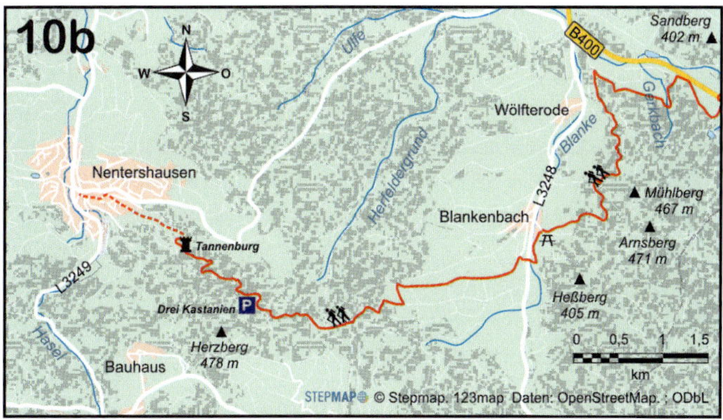

Weg nach links. Schnell sind zwei Teiche erreicht, zwischen denen der Werra-Burgen-Steig Hessen durch- und anschließend rechts weiterführt. Nur ein paar Meter weiter halten Sie sich auf dem querenden Weg abermals rechts und wandern wieder entlang des Waldrandes. Nach knapp 1 km - rechts blicken Sie über Äcker zur Bundesstraße - biegen Sie an der Kreuzung scharf links Richtung Blankenbach ab. Achtung: Nach nur ca. 50 m müssen Sie wieder nach rechts abbiegen! Der breite Weg steigt fortdauernd an, nach ca. 1,2 km zweigen Sie rechts und etwa 300 m weiter scharf rechts ab. Kurz darauf verlassen Sie den Weg in der Linkskurve, steigen nach rechts ab und treffen kurz darauf wieder auf einen Weg, der Sie aus dem Wald herausbringt.

Mit Blick auf Blankenbach gehen Sie den Hang hinunter, wechseln in der scharfen Linkskurve auf den geradeaus verlaufenden Feldweg und erreichen den Dorfrand von **Blankenbach** mit Rastplatz und Wanderportal.

Rechts führt die Straße Heßberg in den Ort. Nach ca. 100 m finden Sie das **Gasthaus Zur Linde**, ☏ 066 27/396, info@hotel-fleischerei-schneider.de, www.hotel-fleischerei-schneider.de, EZ € 45, DZ € 55

Der Werra-Burgen-Steig Hessen biegt in die linke Richtung ab, um dann kurz darauf rechts über einen Wiesenweg am Dorfrand entlangzuführen. In Höhe eines einzelnen Wohnhauses wandern Sie zur Landstraße, queren diese und folgen zunächst der Wildecker Straße. Sobald sie nach rechts abknickt, biegen Sie links in die Straße Steingraben ein, die am Ortsrand in einen Feldweg übergeht und zu einem Rastplatz führt.

✕ Um eine Rast einzulegen, können Sie der Wildecker Straße in den Ort folgen. Nach knapp 300 m befindet sich direkt an der Straße das **Gasthaus Rimbach**, ☏ 066 27/321 oder 91 49 89 (Öffnungszeiten vorher telefonisch erfragen).

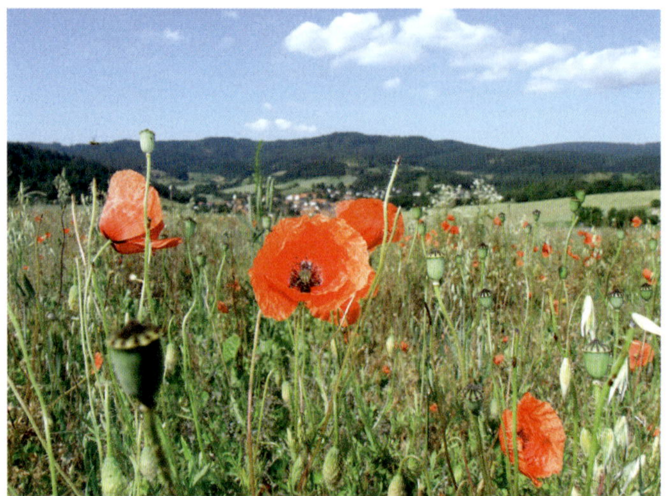

Feldlandschaft © Marco Lenarduzzi

Vom Rastplatz verläuft die Wanderung über einen ansteigenden Wiesenweg geradewegs auf die Höhe. Sobald der Weg auf den Waldsaum trifft, wandern Sie nach links zwischen Feldern hindurch und verlassen den breiten Weg in der nächsten Kurve. Auf dem hier nach rechts abzweigenden Wiesenweg passieren Sie den Waldrand und wandern nach knapp 250 m links in den Wald. An der kurz darauf (ca. 130 m weiter) folgenden Kreuzung zeigt die Markierung nach rechts. Nach der gleichen Distanz geht es wieder links herab bis zu einem breiten, forstwirtschaftlich genutzten Weg. Nach rechts wird schnell eine große Kreuzung erreicht, über die der Weg geradeaus hinwegführt. Sie treffen auf einen Forstweg, dem Sie nach rechts bis zum Wanderparkplatz „Drei Kastanien" folgen. Vom Parkplatz folgen Sie dem sachte bergab führenden Forstweg auf einer Länge von rund 150 m, dann gehen Sie den halb rechts abzweigenden Pfad hinunter und folgen dem beschilderten Alpenpfad Richtung Tannenburg, vorbei an einer Quelle. Halten Sie sich rechts und queren Sie den nächsten Weg nach links, um nach ein paar Schritten halb rechts auf einen schönen Pfad abzubiegen, der Sie direkt zum Ziel Tannenburg und damit zum Ende des Werra-Burgen-Steigs Hessen führt. Bis in die Ortsmitte von Nentershausen sind es noch rund 1,3 km.

Die **Tannenburg** wurde im Jahr 1348 zum ersten Mal erwähnt. Durch ihre Lage im hessisch-thüringischen Grenzgebiet stand die Burg über Jahrhunderte im Zentrum von Auseinandersetzungen.

Auf der Tannenburg

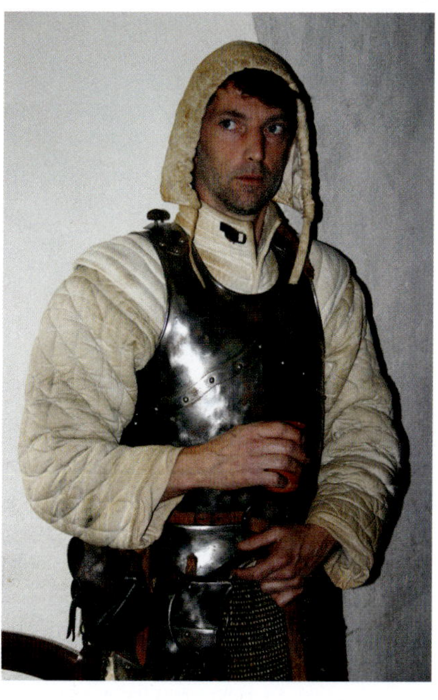

Diese überstand sie allerdings ebenso unbeschadet wie die Wirren des Dreißigjährigen Krieges. Jahrhundertelang bewohnte das Adelsgeschlecht derer von Baumbach die Burg. 1738 wurde das Gemäuer veräußert, 1903 von der Familie aber wieder zurückerworben. Bis zum Zweiten Weltkrieg wurden Teile der Burg von Berg- und Landarbeitern bewohnt.

Während dieser Zeit wurden Arbeiten zur Erhaltung durchgeführt. Im Dritten Reich diente die Anlage als Herberge für den Bund Deutscher Mädel, danach als Jugendherberge. Der nachfolgende Versuch, die Burg in ein Hotel umzufunktionieren, scheiterte. 1995 wurden die Restaurierungsarbeiten wieder aufgenommen und von der Mittelaltergruppe „Allerley" ein Nutzungskonzept zur Belebung der Burg erstellt. Kern dieses Konzeptes ist die Schaffung einer mittelalterlichen Erlebnisburg mit musealen, künstlerischen und gastronomischen Komponenten. 2002 wurde die mittelalterliche Erlebnisgastronomie eröffnet, drei Jahre später folgte die Eröffnung des Wirtshauses. Das mittelalterliche Burgleben wird zudem durch ein zeitgenössisches Backhaus, eine Schmiede und eine Zimmerei im wahrsten Sinne des Wortes greifbar. Das Besondere dabei ist, dass in den Werkstätten mit den alten Handwerkstechniken wirklich gearbeitet wird. Zudem erfreut ein mittelalterlicher Kräutergarten die weiteren Sinne.

Auf der Tannenburg

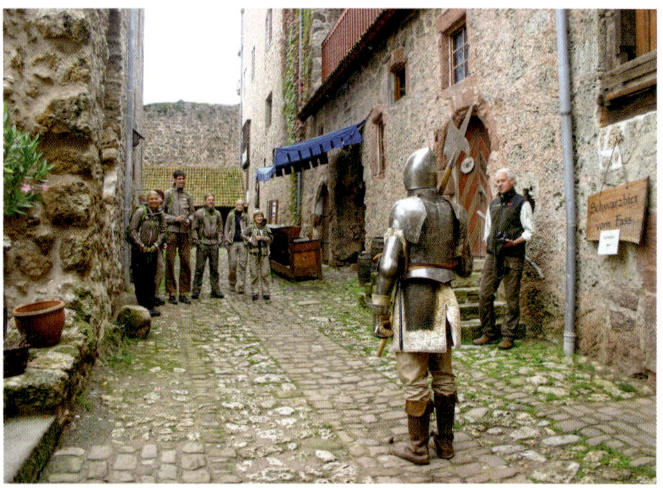

♦ Mitte März bis Ende Dezember Di bis Fr 10:00 bis 12:00, Mi zusätzlich 16:00 bis 21:00, So 11:00 bis 21:00, Wirtshaus an Sonn- und Feiertagen 11:00 bis 21:00, mittwochs 17:00 bis 22:00; ☏ 066 27/86 93, info@tannenburg.de, www.tannenburg.de

Nentershausen

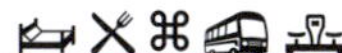

Feriendorf am Burgensteig, Am Weinberg, ☏ 066 27/212, feriendorf-burgensteig@t-online.de, www.feriendorf-burgensteig.de, Preise bitte anfragen

- **Landgasthaus Tannenhof**, Eisenacher Straße 2, ☏ 066 27/314, info@tannenhof-nentershausen.de, www.tannenhof-nentershausen.de, EZ € 38, DZ € 58
- **Pension und Ferienwohnungen Schmidt**, Burgstraße 4, ☏ 066 27/312, kw@pensionkwschmidt.de, www.pensionkwschmidt.de, EZ € 28,50, DZ € 50. Qualitätsgastgeber Wanderbares Deutschland

- **Pension Lehmann**, Lederecke 5, ☏ 066 27/439, schreinerei-lehmann@t-online.de, www.lehmann-pension.de, EZ € 25, DZ € 50
- **Sporthotel Johanneshof**, Kupferstraße 24, ☏ 066 27/920 00, wagner@sporthotel-johanneshof.de, www.sporthotel-johanneshof.de, EZ ab € 30, DZ ab € 45
- **Gutshof Baumbach**, Gutsstraße 8, ☏ 066 27/553, mail@gutshof-baumbach.de, www.gutshof-baumbach.de, Ferienwohnungen ab € 50, Zeltplatz: € 12/Erwachsener und € 7,50/Kind

ÖPNV nach Sontra/Hann. Münden und Bebra

Von Montag bis Freitag fahren Busse der Linie 260 in 12 Min. nach Sontra, Haltestelle Breitwiese (Bahnhof). Ab Bahnhof Sontra bestehen gute Zugverbindungen nach Hann. Münden (Fahrzeit zwischen 1 Std. 15 Min. und knapp 2 Std.). Die Buslinie 315 benötigt von Nentershausen zum Bahnhof nach Bebra etwa 30 Min.

In Bebra bestehen gute Anschlussverbindungen. An Feiertagen und Wochenenden fahren keine Busse in Nentershausen ab! Für die knapp 9 km lange Strecke bleibt somit nur noch ein Taxi - sehr empfehlenswert ist das Unternehmen Witzel in Sontra, ☏ 056 53/16 40.

Im Jahr 1812 weilten die **Brüder Grimm** in Nentershausen und lernten hier Henriette Dorothea (genannt Dortchen) Wild kennen, die ihnen die Märchen „Der singende Knochen“ und „Der liebste Roland“ erzählte. Dortchen und Wilhelm Grimm heirateten 1825.

⌘ **Heimat- und Bergbaumuseum**. Das Museum im ehemaligen Amtsgericht (erbaut 1841) zeigt die Geschichte des hiesigen Kupfer-, Kobalt- und Schwerspatbergbaus vom 15. bis zum 20. Jh. Der Bergbau kam 1966 endgültig zum Erliegen.

♦ Karfreitag bis 31. Oktober So 13:00 bis 17:00, Ruhl 2, ☏ 066 27/274

Nachtrag

Geschafft! Vor einigen Tagen in der niedersächsischen Dreiflüssestadt Hann. Münden gestartet, sind Sie rund 130 km durch das Werratal gewandert. Nun haben Sie Ihr Ziel, die Tannenburg, erreicht und können sich in Nentershausen auf einen gemütlichen und kulinarischen Abschluss freuen. Ich hoffe sehr, dass Ihnen die Wanderung durch das Werratal viel Freude bereitet hat und Sie zahlreiche Eindrücke sowie spannende Ausblicke genießen konnten! Am besten, Sie stellen Wanderschuhe und Wanderführer erst gar nicht weit weg und begeben sich auf die EntdeckerTouren im Werratal!

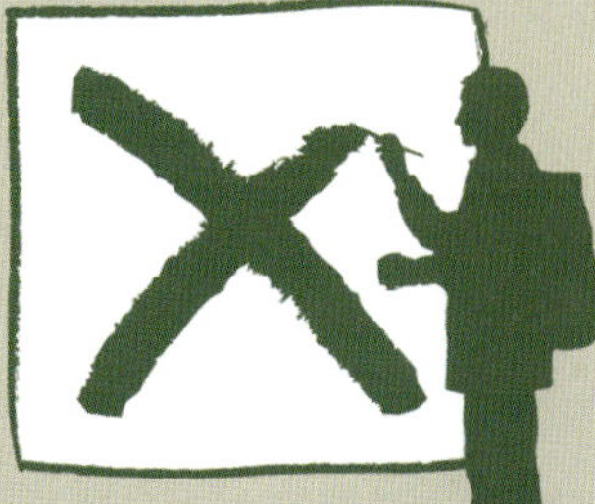

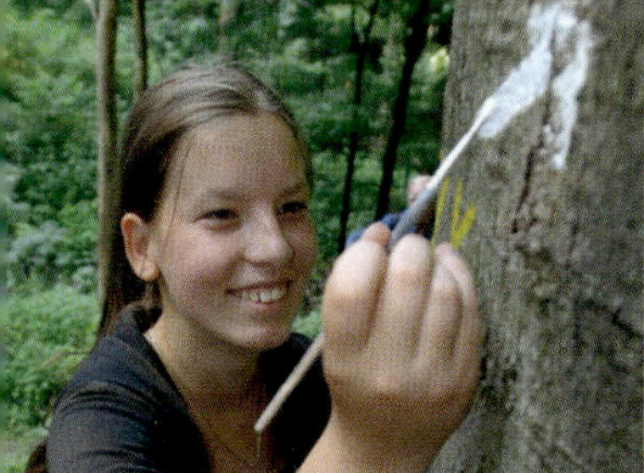

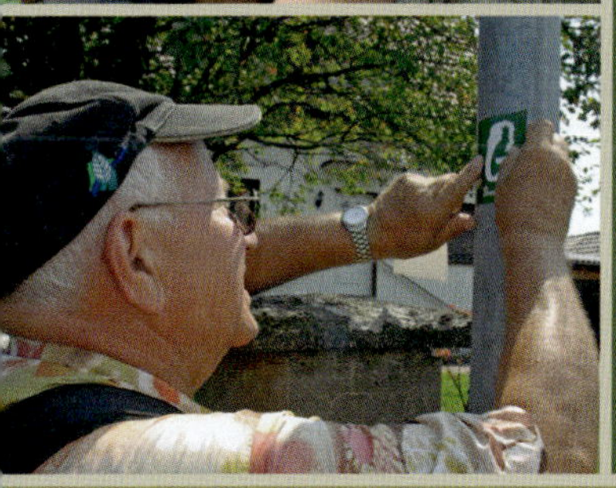

Buchtipps aus dem

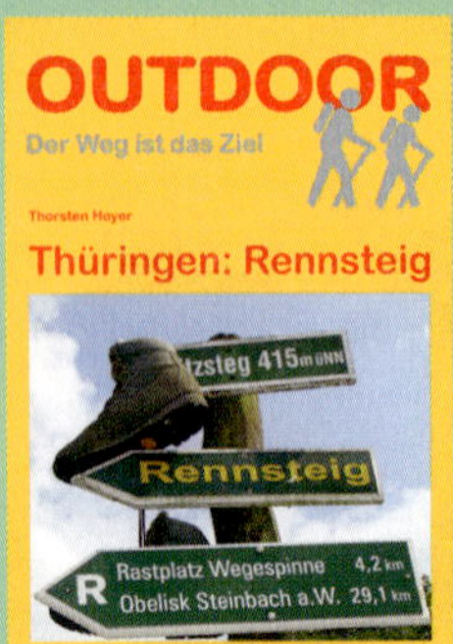

Thüringen: Rennsteig

Thorsten Hoyer
OutdoorHandbuch Band 113
Der Weg ist das Ziel
151 Seiten ▸ 44 farbige Abbildungen
9 farbige Kartenskizzen ▸ 6 farbige Höhenprofile

ISBN 978-3-86686-401-6

>> **Thüringische Landeszeitung:** *„zahlreiche wertvolle Tipps von der Anreise über Unterkunftsmöglichkeiten bis zu Sehenswürdigkeiten [...] Praktischer Wanderführer."*

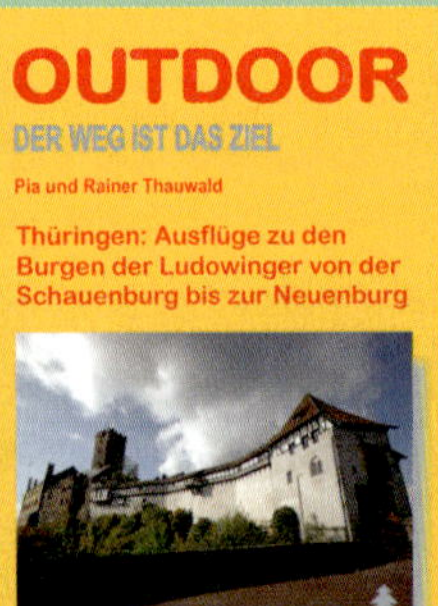

Thüringen: Ausflüge zu den Burgen der Ludowinger

Pia und Rainer Thauwald
OutdoorHandbuch Band 234
Der Weg ist das Ziel
147 Seiten ▸ 62 farbige Abbildungen
10 farbige Kartenskizzen ▸ 12 farbige Höhenprofile

ISBN 978-3-86686-234-0

>> *Beschreibung der Ruinen, Burgen- und Schlössertour in 8 Etappen mit dem Fahrrad oder dem Auto. "*

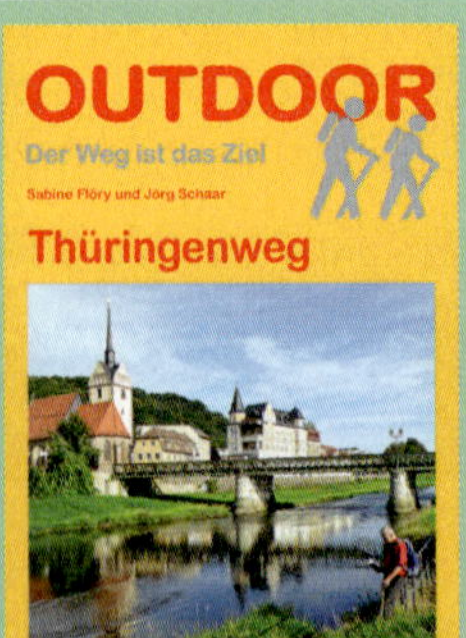

Thüringenweg

Sabine Flöry und Jörg Schaar
OutdoorHandbuch Band 313
Der Weg ist das Ziel
192 Seiten ▸ 64 Abbildungen
22 farbige Kartenskizzen ▸ 20 farbige Höhenprofile

ISBN 978-3-86686-367-5

>> **Thüringische Landeszeitung:** *„ein idealer Reisebegleiter. Das Büchlein [...] bündelt tatsächlich alle Basis-Informationen, die Wanderer auf der zirka 410 km langen Route [...] benötigen [...] erfrischend locker geschrieben."*

Conrad Stein Verlag

Deutschland: Barbarossaweg

Hartmut Engel
OutdoorHandbuch Band 245
Der Weg ist das Ziel
170 Seiten ▸ 34 farbige Abbildungen
27 farbige Kartenskizzen ▸ 21 farbige Höhenprofile

ISBN 978-3-86686-245-6

>> Der Barbarossaweg ist ein über 300 km langer Fernwanderweg, der durch den Norden von Hessen und Thüringen führt. Er verläuft durch eine abwechslungsreiche Mittelgebirgslandschaft.

OUTDOOR
DER WEG IST DAS ZIEL
Hartmut Engel
Deutschland:
Barbarossaweg
STEIN

Deutschland: Elisabethpfad

Thorsten Hoyer
OutdoorHandbuch Band 255
Der Weg ist das Ziel
103 Seiten ▸ 54 farbige Abbildungen
15 farbige Kartenskizzen ▸ 11 farbige Höhenprofile

ISBN 978-3-86686-255-5

>> DAV Aachen: *„Diese 196 km lange Route wird als 'Weg der Jakobspilger' bezeichnet und führt durch herrliche Mittelgebirgslandschaften und mittelalterliche Städte."*

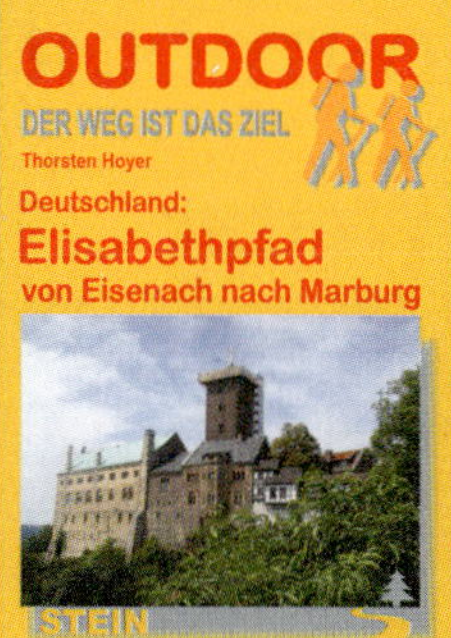

Via Regia - Pilgerweg von Görlitz nach Vacha

Thorsten Hoyer
OutdoorHandbuch Band 288
Der Weg ist das Ziel
176 Seiten ▸ 42 farbige Abbildungen
27 farbige Kartenskizzen ▸ 19 farbige Höhenprofile

ISBN 978-3-86686-316-3

>> Oschatzer Allgemeine Zeitung: *„Detailliert werden der Wegeverlauf und die Sehenswürdigkeiten in den Orten sowie unterwegs beschrieben."*

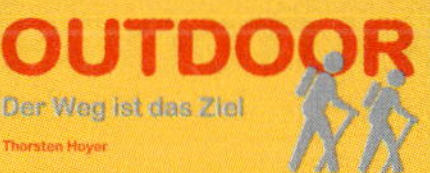

Via Regia
Pilgerweg von Görlitz nach Vacha

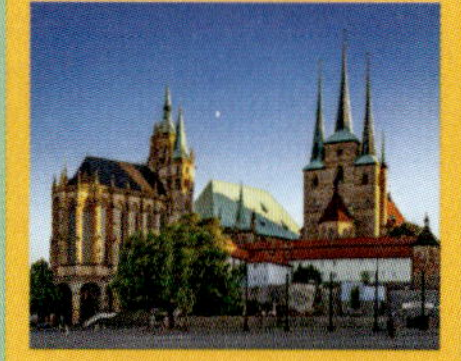

Buchtipps aus dem Conrad Stein Verlag

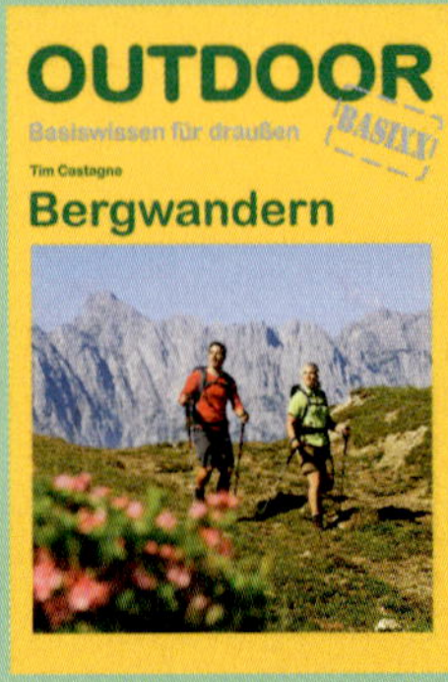

Bergwandern

Tim Castagne
OutdoorHandbuch Band 9
Basiswissen für draußen
96 Seiten ▸ 20 farbige Abbildungen
20 Illustrationen

ISBN 978-3-86686-009-4

>> **Besprechungsdienst für öffentliche Bibliotheken:** „*ein sehr brauchbarer Ratgeber*"

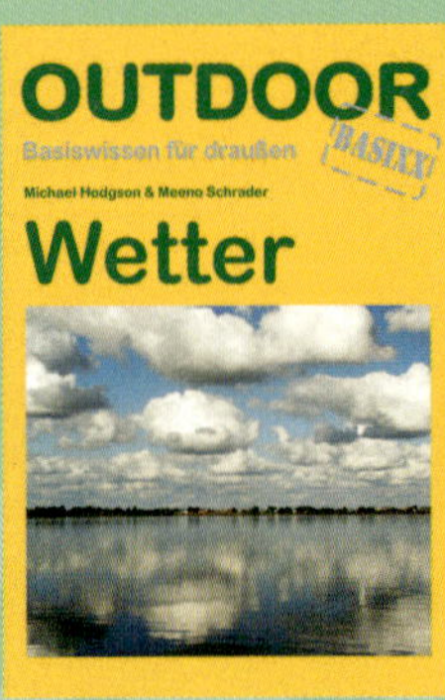

Wetter

Michael Hodgson & Meno Schrader
OutdoorHandbuch Band 13
Basiswissen für draußen
91 Seiten ▸ 32 farbige Abbildungen
21 farbige Illustrationen

ISBN 978-3-86686-013-1

>> **Nordis:** „*Jeder kann lernen, wie man mit und ohne Instrumente zu einem echten Wetterfrosch wird. Ein handliches Büchlein für unterwegs.*"

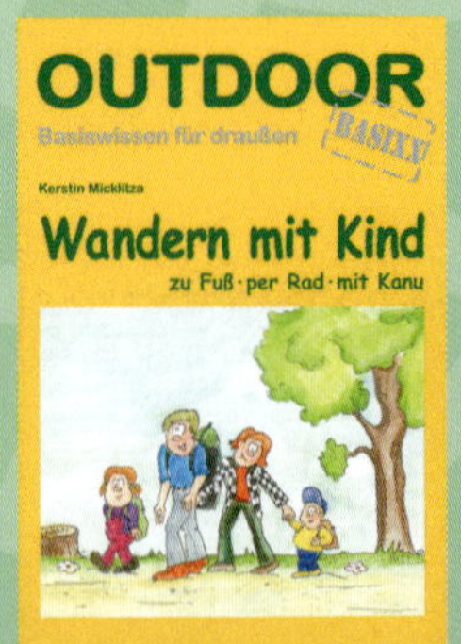

Wandern mit Kind

Kerstin Micklitza
OutdoorHandbuch Band 15
Basiswissen für draußen
91 Seiten ▸ 32 farbige Abbildungen
13 farbige Illustrationen

ISBN 978-3-86686-015-5

>> **Outdoor:** „*Draußen sein, toben, spielen, aber auch wandern - ein Kindertraum. Wie man ihn am besten verwirklicht, erklärt kurz und prägnant die Autorin Kerstin Micklitza.*"

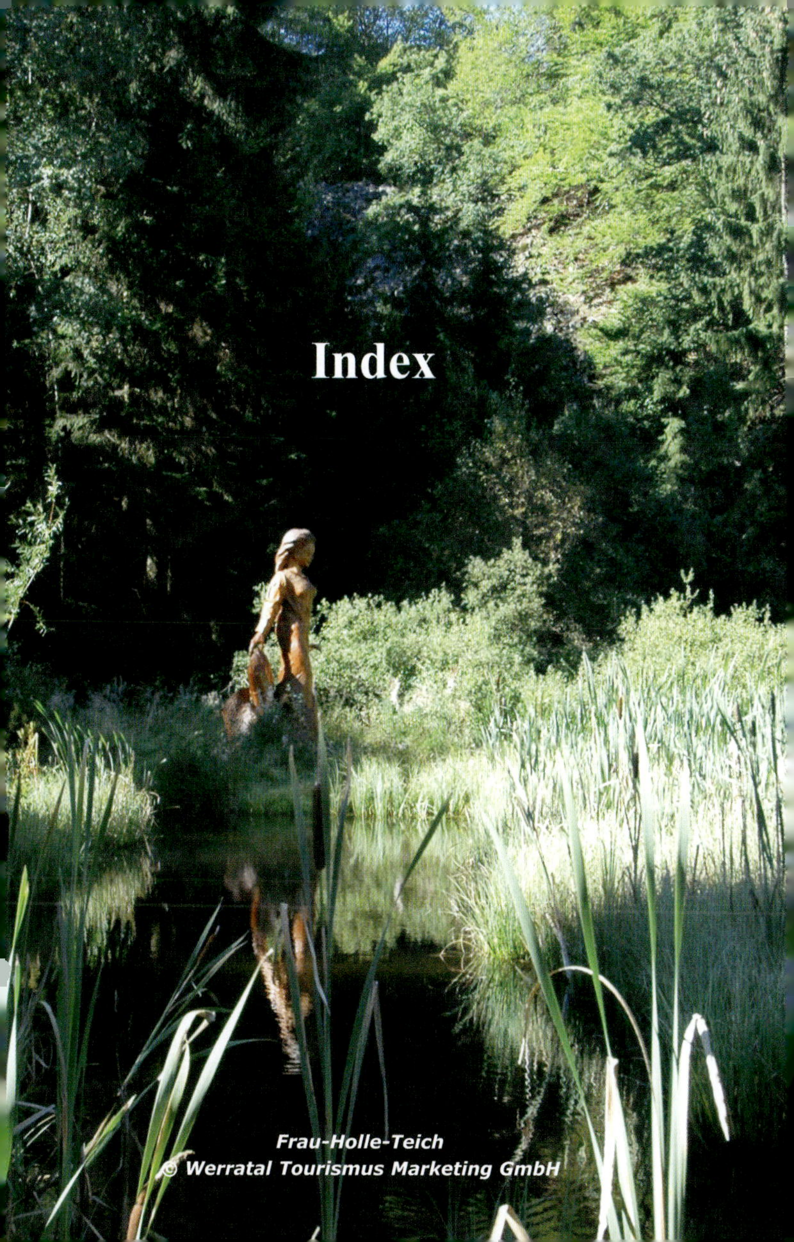

Index

Frau-Holle-Teich